世界五千年
科技故事叢書

盧嘉錫題

盧嘉錫

世界五千年科技故事丛书

独得六项世界第一的科学家

苏颂的故事

丛书主编　管成学　赵骥民

编著　管成学

吉林出版集团｜吉林科学技术出版社

图书在版编目（CIP）数据

独得六项世界第一的科学家 ：苏颂的故事 / 管成学，赵骥民主编. -- 长春 ：吉林科学技术出版社，2012.10（2022.1 重印）
ISBN 978-7-5384-6078-0

Ⅰ.①独… Ⅱ.①管… ②赵… Ⅲ.①苏颂（1020～1101）—生平事迹—通俗读物 Ⅳ.①K826.14-49

中国版本图书馆CIP数据核字（2012）第156215号

独得六项世界第一的科学家：苏颂的故事

主　　编　管成学　赵骥民
出 版 人　宛　霞
选题策划　张瑛琳
责任编辑　朱　萌
封面设计　新华智品
制　　版　长春美印图文设计有限公司
开　　本　640mm×960mm　1 / 16
字　　数　100千字
印　　张　7.5
版　　次　2012年10月第1版
印　　次　2022年1月第4次印刷

出　　版　吉林出版集团
　　　　　吉林科学技术出版社
发　　行　吉林科学技术出版社
地　　址　长春市净月区福祉大路 5788 号
邮　　编　130118
发行部电话 / 传真　0431-81629529　81629530　81629531
　　　　　　　　　81629532　81629533　81629534
储运部电话　0431-86059116
编辑部电话　0431-81629518
网　　址　www.jlstp.net
印　　刷　北京一鑫印务有限责任公司

书　　号　ISBN 978-7-5384-6078-0
定　　价　33.00元
如有印装质量问题可寄出版社调换

序 言

十一届全国人大副委员长、中国科学院前院长、两院院士

路甬祥

放眼21世纪，科学技术将以无法想象的速度迅猛发展，知识经济将全面崛起，国际竞争与合作将出现前所未有的激烈和广泛局面。在严峻的挑战面前，中华民族靠什么屹立于世界民族之林？靠人才，靠德、智、体、能、美全面发展的一代新人。今天的中小学生届时将要肩负起民族强盛的历史使命。为此，我们的知识界、出版界都应责无旁贷地多为他们提供丰富的精神养料。现在，一套大型的向广大青少年传播世界科学技术史知识的科普读物《世

界五千年科技故事丛书》出版面世了。

由中国科学院自然科学研究所、清华大学科技史暨古文献研究所、中国中医研究院医史文献研究所和温州师范学院、吉林省科普作家协会的同志们共同撰写的这套丛书，以世界五千年科学技术史为经，以各时代杰出的科技精英的科技创新活动作纬，勾画了世界科技发展的生动图景。作者着力于科学性与可读性相结合，思想性与趣味性相结合，历史性与时代性相结合，通过故事来讲述科学发现的真实历史条件和科学工作的艰苦性。本书中介绍了科学家们独立思考、敢于怀疑、勇于创新、百折不挠、求真务实的科学精神和他们在工作生活中宝贵的协作、友爱、宽容的人文精神。使青少年读者从科学家的故事中感受科学大师们的智慧、科学的思维方法和实验方法，受到有益的思想启迪。从有关人类重大科技活动的故事中，引起对人类社会发展重大问题的密切关注，全面地理解科学，树立正确的科学观，在知识经济时代理智地对待科学、对待社会、对待人生。阅读这套丛书是对课本的很好补充，是进行素质教育的理想读物。

读史使人明智。在历史的长河中，中华民族曾经创造了灿烂的科技文明，明代以前我国的科技一直处于世界领先地位，涌现出张衡、张仲景、祖冲之、僧一行、沈括、郭守敬、李时珍、徐光启、宋应星这样一批具有世界影响的科学家，而在近现代，中国具有世界级影响的科学家并不多，与我们这个有着13亿人口的泱泱大国并不相称，与世界先进科技水平相比较，在总体上我国的科技水平还存在着较大差距。当今世界各国都把科学技术视为推动社会发展的巨大动力，把培养科技创新人才当做提高创新能力的战略方针。我国也不失时机地确立了科技兴国战略，确立了全面实施素质教育，提高全民素质，培养适应21世纪需要的创新人才的战略决策。党的十六大又提出要形成全民学习、终身学习的学习型社会，形成比较完善的科技和文化创新体系。要全面建设小康社会，加快推进社会主义现代化建设，我们需要一代具有创新精神的人才，需要更多更伟大的科学家和工程技术人才。我真诚地希望这套丛书能激发青少年爱祖国、爱科学的热情，树立起献身科技事业的信念，努力拼搏，勇攀高峰，争当新世纪的优秀科技创新人才。

目 录

引　子

1988年11月19日是一个喜庆的日子。

福建省厦门市同安县还从来没有这么热闹过。这个小县城的主要街道上，悬起了大幅的横标：“热烈庆祝苏颂创建水运仪象台900周年！”“热烈欢迎来自国外的专家、教授！”“热烈欢迎来自世界各地的苏姓宗亲！”

县政府招待所、华侨宾馆和各主要旅馆，也都张灯结彩，从楼上挂起了许多彩带和标语，人们敲锣打鼓，以示庆祝。

上午8时，从华侨宾馆、县政府招待所、交通宾馆等旅馆，走出了一队队会议的代表。他们中有满头华发、八十高龄的新加坡苏氏公会理事长、老华侨苏金声先生，有灵顶生光年过古稀的中国历史文献研究会会长、博士生导师张舜徽教授，有中国科协书记处书记陈泓……

马路两旁站着列队欢迎的中小学生，他们手持花束，载歌载舞；县政府礼堂的台阶上，身穿礼服的乐队高奏迎宾曲。人民日报、光明日报、科技日报、和省、市报纸的记者纷纷赶来，争先恐后地举起相机，灯光闪闪，快门咔咔，说明这是这个县城从没有过的盛会。

县城里最热闹的还有两个地方：一个是县城西北部的芦山堂，它修建并粉刷一新。这是一座三进双护厝的古府第，高高翘起的房脊，振翼欲飞的屋檐，迴廊环绕的庭院，告诉我们这里居住的肯定是一个古代的名门望族。大门正中悬挂着全国政协副主席苏步青题写的“芦山堂”的大字匾额。

“芦山堂”因位于葫芦山下而得名。福建省《安溪衡阳苏氏族谱》对芦山堂有如下记载：“光诲公所建故宅，坐丑向未兼癸丁，其地在同安县内西北隅，平中穴起一星（山）高2丈，长20丈，形似玉枕，此穴星之最贵者。穴后百余步起一星（山），高3、4丈，穴前80余步起一星（山），高5、6尺。三星（山）相连，势似葫芦，故为葫芦山。”其宅名芦山堂。

芦山堂始建于五代后晋开运元年（994）稍后的时间里，由漳州刺史苏光诲所建。宋代靖康初年（1126）苏颂的儿子苏携到明州（宁波）去任职，被金兵所阻，回不了润州的家，只好到福建老家暂住，芦山堂尚保存完好。

绍兴二十三年（1153），朱熹到福建省同安县任主簿，他所看到的芦山堂，只是故宅基址了。

元代苏姓子孙修复了芦山堂，元武宗至大年间（1308—1311），苏姓为政府解送粮款，中途被盗贼所劫，被治罪祸家，芦山堂又成废墟。

现存的芦山堂是民国初年（1912）所建，面积750平方米，其坐向、位置、房舍皆按原式样。现又由同安县政府与海外苏姓子孙捐资，修缮一新，迎接同安县有史以来最盛大的学术研讨会。另一个车水马龙、人群熙攘的热闹地方是新建的苏颂科技馆，这是一个六层大楼，由全国政协副主席方毅题名。馆内陈设着苏颂的生平事迹图片与水运仪象台模型。为修建苏颂故居芦山堂和苏颂科技馆，苏姓华侨捐献了大笔资金，同安县政府拨了专款。

这位被海内外专家学者如此重视的科学家创造了什么样的成就呢？这位深受家乡人民热爱的先贤，给他的故乡曾留下了一些什么呢？给他的故乡和中国人民带来什么荣誉呢？给世界人民留下了一笔什么样的精神财富呢？这就是本书要讲的故事。

出生于名门望族

苏颂，字子容，出生在福建省南部同安县的世代官宦之家。

苏颂入闽的始祖叫苏益，苏益是隋代太子少保，邳国公苏威的八世孙。苏威曾任江南巡抚、吏部尚书、尚书右仆射（宰相）等高官，后贬为光州刺史，居河南固始县。黄巢起义时，由河南固始，入镇福建，始有福建之苏姓。

苏益，生于公元875年（唐乾符二年），少年时读书习武，因父功而得官，20岁即任山西显州刺史。黄巢起义后，封威武军先锋将，都统军使，与威武军节度使王潮一起，开赴福建。

唐代灭亡，五代之乱起，苏益与其子苏光诲避居同安县永丰乡葫芦山下。1988年重修的苏颂故居——芦山堂，就是苏益三子苏光诲所建。虽几经兵火，多次重修，但其基本建筑，始终未改。

苏颂入闽的第二代先祖，有光谊、光谓、光诲三人。光诲是苏颂的高祖，曾任泉州都统、漳州刺史、左卫将军等职。公元977年（太平兴国二年）因屯田功，追赠上将军、武陵候。娶林氏，生佑图，即苏颂之曾祖。

苏佑图，曾任漳州司马祭酒（教官），后因功升御史大夫，死后赐司空，代国公。娶张氏，生三子：仲昌、仲华、仲周。苏颂对曾祖有很深的印象，他曾将曾祖烧毁起义军名册，救活千人一事，讲给长孙苏象先听，象先写入了《魏公谭训》一书。

苏仲昌是苏颂之祖父，对苏颂亲行教诲，影响甚大。苏仲昌被举贤良，中进士；历任阁门氏候、左屯卫将军、提点荆湖南北两路刑狱，后任宜州、邵州、复州知州。又追赐太子少师、太师、福国公。

苏颂在家训专书《魏公谭训》中说："已过古稀之年，仍梦祖父教诲之严，常惊呼而醒。敬仰思慕祖父之父，虽终老梦寐未曾忘也。"苏颂的广博学识，与祖父的教诲是分不开的。

苏仲昌娶刘氏、翁氏，生七子：弦、绅、维、经、绎、絪、綎。苏绅是苏颂之生父。

苏绅，生于公元999年（咸平二年），卒于1046年（庆历六年）。1036年（天禧三年）中进士。历任宜州推官、大理寺丞、太常博士等职。1039年（宝元三年）任史馆修撰、擢知制诏（起草诏令、赦书），1040年（康定元年）充辽太后生辰使；1041年（庆历元年）入为翰林学士，改龙图阁学士，知扬州；1046年（庆历六年）由吏部郎中升侍读学士、集贤殿修撰，知河阳。感疾而死，卒于河阳。年仅48岁 。追赐少师，封魏国公。娶陈氏，生子：衮、颂、棁、兖。

苏颂的母亲，是杭州知州陈从易的长女。他的外公是北宋名臣，曾任荆湖南路转运使、知制诰、知广州等职。著有《泉山集》、《中书制稿》、《西清奏议》等书。由于母亲生于官宦诗礼之家，受过良好的教育，对苏颂的成才，也起了积极的作用。

苏颂能成为渊博的学者，伟大的科学家，与青少年时代父母的精心培养是有直接关系的。

苏颂曾在“感事述怀诗”中，回忆父亲教他读书的故事：

我昔就学初，髫童齿未龀。

严亲念痴狂，小艺诱愚顽。

始时授章句，次第教篇韵。

蒙泉起层澜，覆篑朝九仞……

其意是说我往昔读书的初期，留着乳发，牙未换齐。严格的父亲爱我学习劲头之憨傻，用简单的知识教诱我愚钝的心灵。开始教我诵读章句，后来给我讲授篇章与音韵。像蒙蒙的泉水涌起求知的波澜，期望用筐筐的覆土，堆起九仞的高山……

苏颂为这首诗写的注文是“我生五岁，艺公口授《孝经》，古今诗赋皆成诵。又令从诸父（各位叔父）教学，不数年而颂《五经》，习《尔雅》，知声律。”可见，苏颂幼年就受过良好的传统教育。

苏绅十分懂得“蓬生麻中，不扶则直；白沙在涅，与之俱黑”的道理。他每到一地任官，都为苏颂请最好的教师，让各位叔父、名人子弟与苏颂共同读书，以便互相切磋，砥砺前进。苏颂在“感事述怀诗”中写道：

十三从师友，群彦得亲近。

箕裘袭素风，兰芷渐腴润。

其意是说从13岁开始有师友伴读，俊杰之材得以亲近切磋，继承了先辈儒雅的风范，成长得如兰芷般油嫩丰茂。

苏颂的自注说：“先公宰无锡日，即县厅西圃，开学舍，延诸生，郡进士华直温、新安闽从艺辈数人同结课。予十三岁，与叔父宣甫（苏缄）、山甫同砚席，预课试。后两年，先公通判洪叫，又延乡先生万君特讲书。予与诸父及临川蔡元道，元翰昆弟，皆同厅学。”苏颂的两位叔父与华直温、蔡氏兄弟，后来在吏治和文学方面，各有所成，都是英杰之士。

苏绅虽然对苏颂施教严谨，但并不死守封建规法。当苏颂反对他的主张时，他能充分考虑孩子的意见，改变自己的决定，鼓励苏颂坚持正确的做法。

宋代乾元节，父亲苏绅任知制诰，可以荫一子为官，想让苏颂任官。苏颂不仅自己不肯，还劝弟弟们也励志科举，凭自己的才能考取，而不靠父辈的门荫为官。最初，气得苏绅大骂苏颂：轻视朝命，教唆二弟，不忠不孝。冷静之后，又认为苏颂的决定，是勇于进取的有为之举，给以鼓励。

在苏姓父辈中，对苏颂影响较大的还有他的宣甫叔苏缄。少年时，他们同桌学习，互相砥砺；长大后，书信往来，互赠茶砚，志同道合，亲密无间。苏颂学识渊博，有儒雅之风；苏缄驰骋沙场，有帷幄之谋。

宣甫叔送给苏颂端苏匣，苏颂写诗致谢：

镌砻圭角制尤精，岂为微瑕用便轻。

且赏岩珍终耿介，休思人事有亏成。

宣甫叔被贬房州，苏颂也写诗赞扬其忠勇：

解组（印绶）从戎五完城，壮谋期欲荡蛮腥。

数奇不意同飞将（李广），肺腑因何学卫青。

报国有心犹慷慨，谪官无闷但沉冥。

竹林此日重相过，高论时欣侧耳听。

后来，1048年（庆历八年）苏缄回润州（今镇江），与苏颂一起祭奠苏绅，在坟前写诗道：

五里平郊烟霭衬，泪流坟土泣英魂。

近年忠义心如铁，不负平生教育恩。

可见，苏缄与苏颂感情之亲笃，对苏绅教养之感激。

后来，苏缄知邕州，充皇城使。为了保卫邕州，血战四十余日。城破后，亲杀全家三十六人，然后，自焚而死。宋神宗听到苏缄壮烈牺牲的情景，不吃午饭，泣不成声，感叹说：

“近世忠义之臣，如苏缄者，罕见其比。”

赠奉国军节度使，谥忠勇，赐都城甲第，良田十顷。封其子为阁门祗侯，召对便殿。褒奖苏缄之忠勇，鼓励子继父志。又改任缄子为殿中丞，通判邕州。

后来，宋神宗命苏颂到外地任官时，再次谈起苏缄的英勇就义，依然感情沉重，潸然泪下。苏颂也将苏缄的壮烈捐躯，写入《魏公谭训》，让后代子孙，人人牢记，代代相传。

苏颂生活在这样一个勇武忠烈的闽南望族、诗礼传家的书香门第。他不负父辈之期望，发愤攻读，终成大业。

晚年他写诗，回忆自己青年时期刻苦攻读的情景：

估毕自忘劳，攻坚常切问。

六经日沉酣，百氏恣蹂躏……

笔枯手成胝，眠稀目生晕。

抄写的笔秃了，手磨出了茧子，夜以继日地苦读，眼睛常常发生眩晕。

“梅花香自苦寒来，宝剑锋从砥砺出。”苏颂终于在1042年（庆历二年）考中进士，开始了生命史上一个新里程。

科考与初仕

公元1040年（康定元年）4月14日，宋都东京（今开封）处处张灯结彩，一片喜气洋洋的景象。

东京的宫城装扮得最漂亮。南向的丹凤门城楼上，高悬着两排巨大的红灯，每排12个。五个拱形的门洞上也都悬挂着一排灯笼。门楼两侧的垛楼，插着各色的彩旗，迎风招展。丹凤门向南直通过旧城的朱雀门，是东京有名的御街，笔直宽广。御街两侧的酒楼、店铺，鳞次栉比，都换上了新的酒幌，粉刷了牌匾。御街东侧的相国寺门前，车水马龙，万头攒动。朱红色的寺门大开，上香的人们擦肩接踵，青烟缭绕，诵经声嘹亮高亢。

玄武门东北方的艮岳和新场面西南角上的金明池也都装扮一新。

艮岳上的苍松古柏都缠上了彩带，挂起了鸟笼；金明池中碧波荡漾，龙舟画舫，鼓乐齐鸣。汴河上的天汉桥与虹桥，挤满了游人。桥上彩旗飘飘，桥下舟船队队。东京城在迎接一个什么样的节日呢？

原来4月14日是乾元节，宋仁宗赵祯下诏书，举行盛大的庆典。

按宋代的祖制，乾元节要恩赐近臣，苏颂的父亲苏绅在中书舍人，知制诰，为皇帝起草诏令、敕书，可以不经科举考试荫一子为官。苏绅想推荐苏颂入仕。

在东京西冈中书舍人苏绅的家宅中，发生了一场争论。父亲苏绅从皇宫兴高采烈地赶回来，坐在客厅里，一边品茶，一边让仆人去唤苏颂。苏颂听说父亲呼唤，急忙跑到客厅，向父亲躬身施礼，然后问爸爸：

“父亲大人为何这样高兴？有什么吩咐孩儿？”

苏绅喜形于色地向皇城方向拱手说：“皇上圣恩浩荡，乾元节推恩近臣，念我随侍左右，日夜辛劳，命我荐一子为官。我想举你入仕。”

此事出乎苏颂意料，他先是一愣，然后略思片刻，恭恭敬敬地对爸爸说："我自信明年春试一定能考取，不愿靠父亲的荫庇为官。"

苏绅听后，十分生气地说："你为何如此轻狂？荫子入官，是皇帝之恩宠。不从者，为不忠，为父荐你，应子从父命，违抗者为不孝。不忠不孝，乃纲常之大逆！"

苏颂见父亲盛怒，立即跪下解释说："皇上爱臣之心，父亲怜子之意，孩儿一定牢记于心。然而，父亲曾以圣人之言教我：'天将降大任于斯人也，必先劳其筋骨，苦其心志……'孩儿要磨炼自己，学习礼颂，不急于当官。"

苏绅见儿子热心于科举，觉得也是有志之举，就叫苏颂去叫两个弟弟。苏颂到书房，见到苏棁、苏宠，告诉他俩也应该立志科举，不要靠父荫入官。两个弟弟素来敬重哥哥，也没有从荫为官。

时光荏苒，冬去春来。1042年（庆历二年）又是大比之年。天下举子，云集京师，考于贡院。

苏颂因为父亲苏绅是主考官之一，必须举行别试，他的考场不在贡院，而在南庙。

苏颂在去南庙的路上，回忆起自己上次考试的失败过程：十八岁时参加府试，主考官是吴育大人，试题是“吹汾迎寒贼”，主考官特别表扬了他识题见解与知识渊博，不仅被录取而且同幢的士人也争相传颂他的《吹汾迎寒赋》。

第二年春天的省试，主考官是盛度大人，试题是“斗为天之喉舌赋。”主考官已在阅卷时批为优等，但核对时点检官发现“闻”字的四声读错了，而未被录取。三年来，自己刻苦攻读音韵之学，不仅熟记于心，而且，可证古人之误。发明良多。此次成竹在胸稳操胜券。

参加南庙考试的只有几人而已，考场十分平静。苏颂展卷一看，试题是“论《周礼》之名数。”五经中的典章制度，正是他所学之重点。他先释经文，后述汉代郑玄之注，再阐唐代贾公彦之疏。文章洋洋洒洒，左右逢源。

主考官欧阳修、张方华批阅苏颂试卷和问答之后，都十分高兴。

欧阳修说：“非尽记《周礼》之疏，不能如此生之善对也。”

张方华说：“吾所试题，非通天下之奥，穷制作之源者，不在首选也。”

主考官一致推荐苏颂为第一名。欧阳修提笔在考牒上，写下两行遒劲的大字：“才可适时，识能虑远、珪璋粹美，是为邦国之珍；文学绝深，当备朝廷之用”。

苏颂完全凭自己的学识，走入了仕途，开始了他勤政爱民的官宦生涯。

苏颂中进士后，最初补宿州观察推官。后来祖父苏仲昌病逝，其父苏绅于1043年（庆历三年）守孝金陵（今南京）。皇帝为了照顾他们父子尽孝，命苏颂于庆历四年改知江宁县。苏颂任江宁知县期间，在惩办贪官，减轻赋税，教民简讼等方面，皆有政绩。

江宁任满，苏颂于1049（皇祐元年）调南京（应天府，今商丘市），任留守推官。此时，恰巧苏颂的主考官欧阳修知应天府兼南京留守，他对苏颂的品德、才干十分赏识，委以重任。苏颂处事谨慎，不负所托，南京政绩，堪称邻郡楷模。

应天知府欧阳修的家中正在宴请客人。没有金樽玉盏，山珍海味，只有家产几样禽蛋与蔬菜。不是高朋满座，猜拳行令，而是只有两个客人，谈得笑逐颜开。

老者是前宰相杜衍，少者是现任推官苏子容。

欧阳修对杜衍说：“子容就职以来，精勤于政，恪尽职守。文牍簿籍，井井有条；狱讼赋税，了然于心。一经阅览，修不复省矣。”

苏颂受宠若惊，立席拱手说：“恩师谬奖，学生资质愚钝，虽竭尽所能，亦错谬难免。深望两位先辈鞭辟教诲，提掖扶持。”

杜衍也不推辞，边饮边谈，将他几十年为政经验，一一说与苏颂。他最后强调说：“古今民心持公论，为政最习为身谋”。

欧阳修连连点头，苏颂再次起身拱手说：“晚生将终生牢记。”

欧阳修批语苏颂说：“本府既以诸事相委，自当大刀阔斧，雷厉风行，剔除夙露，不必哀矜。”

杜衍连连摆手说：“欧公差矣！您下有副守签判、六曹参军诸官，子容为属官之末，怎敢大刀阔斧，只有事事谨慎，处处精心，才能确保无误。”

苏颂再次起身举杯说：“我敬二位先辈一杯！生我者父母，荐我者欧公，知我者杜老也。”

谈至深夜，三人才各自散去。

编撰《本草图经》

公元1053年（皇祐五年），苏颂召试馆阁校勘，调京师（今开封），开始了青灯黄卷的古籍编撰工作，苏颂在使馆、集贤院校书9年，生活十分清贫，做了大量的工作。

据《续资治通鉴》和《宋会要辑稿》记载：1061年（嘉祐六年）计完成黄本书6494卷，补白本书1950卷，这8千多卷编定的古籍中饱含了苏颂的心血与汗水。

苏颂在整理古代典籍时，最大的贡献是编校古代医书，特别是编撰《本草图经》一书，在中国古代医学史上，作出了特殊贡献。

1055年（嘉祐二年）八月，枢密使韩琦上书皇帝，请求选拔熟悉医书之儒臣与太医编校古代医书。宋仁宗赵祯下诏设置校正医书局，命掌禹锡、苏颂、林亿、张洞等人，为校正医书官。嘉祐三年又增秦宗古、朱有章等共校医书。

据韩琦奏书与《续资治通鉴长编》记载，共校医书12部，《灵枢》、《太秦》、《甲乙经》、《广济》、《千金方》、《外台秘要》、《难经》、《伤寒论》、《金匮要略》、《脉经》、《诸病源候论》、《神农本草》。这是中国医药典籍的第一次雕版印刷，它就是后世视为珍宝的宋元木刻祖本，这些书能流传至今是苏颂等先人的功绩。

苏颂负责校订的是《千金方》和《神农本草》两书，他在校订后，分别写了序言。从序言可知，他做了许多需要的工作。

他纠正了前人以为"本草"一词出自班固叙《黄帝内经》：

"本草石之寒温，源疾病之深浅，乃经方之语，非本草之名。"他认为本草之名，始用于《汉书·楼护传》："护少诵医经、本草、方术，数十万言。"此处所用“本草”乃中医之药名。

苏颂为我们留下了整理古籍的范例，至今仍在沿用。

苏颂在校订中，所引医药之书，将作者、篇名附于卷末，为我们留下了整理古籍中注明原材料来源的优良传统。

苏颂与掌禹锡等用14个月的时间，对《开宝本草》做了许多增补，新编为《嘉祐补注神农本草》：旧药983种，增补药82种，定新药17种，总计1082种。将药物品种与应用范围向前大大地推进了一步。

苏颂在校订古代医药典籍时，深感本草著作没有药图的缺陷。后上书皇帝，尖锐地指出：药物产自四面八方，语言各异，名物不同，势必造成混乱，真伪难辨。如将虺林当蘼芜，以荠苨当人参，古人尚且如此。何况今人用药皆买自商人，商人购于山野，从来不问采自何处？什么品种？像这样用药治病，势必用错害人。

他又指出唐代《新修本草》与《天宝单方药图》都是附有药图的，但是，药图现已全部失传。所以，他建议皇帝向各州、县地方长官下达诏书，命令全国的医师与药农，采摘各地草药，画出药图，写上文字说明，连同实物送到京师的校正书局，作为编写本草书的原始资料。

宋仁宗收到苏颂的奏书，十分高兴。他批复给校正医书局的诏谕，嘉奖了苏颂的建议，对校正医书的掌禹锡等人给以不同赏赐，从金银绢帛到笔墨纸砚。

1060年（嘉祐五年）9月，校正医书局里一派喜气洋洋。掌禹锡正在讲述他与苏颂被仁宗皇帝召见的情景：

“皇上英明仁爱，慈惠元元。读过苏大人的奏书，立即传诏全国各州县，按子容兄所奏，命各地官府与医师，采摘药物做标本，按药农所述，对根、基、苗、叶，逐一说明，并画出药图，以供参考。”

苏颂也兴高采烈地补充说：

“皇上先问《补注神农本草》编撰之收获，又问诸君之辛劳。勉励我等一定要超过前人之本草，造福于百姓，致康于万民。”

秘阁校理林亿关切地问：

“内宫传闻皇上圣体欠安，二位亲聆圣谕，近瞻龙颜。快告我等，以安惴惴之心。”

“主上可能偶感风寒，现已容光焕发，神采奕奕。

对张洞、秦宗古、朱有章三位大人的近况，一一询问，可见圣上对医书工作，了如指掌。”掌禹锡一面回答林亿的询问，一边让随侍将皇上的赏赐抬进来。

张、秦、朱三位一听皇上问及自己，个个喜形于色，问掌禹锡和苏颂，皇上都问些什么？

苏颂笑着回答：

“圣上问三位大人各编撰与校点哪一部类，对三位大人的青灯黄卷之劳，传谕慰勉。”

他一边说一边把用黄绢包着的赏赐品分给大家。各位恭恭敬敬地接过赐品，向着金殿方向连连下拜。然后打开黄绢，对金银都不感兴趣，反倒对端砚宣纸如获至宝，爱不释手。

仁宗皇帝的诏书传到州、县，各种药物的标本、文字说明，分批送到了京师校正医书局。药品越送越多，堆积了满满的三个仓库；各种说明文字也堆上了六位医书校定者的书案。

掌禹锡提议由苏颂主持对药品标本的鉴别和文字说明的编撰，各位一致表示赞同。

苏颂也不推辞，开始了仔细检查和考核各地送来的样品，审定医师与药农的说明文字。

审定与考核是一件极其繁重的劳动，来自各地的药物样品，常常是同一药物所叫名称各异，到底哪种名称正确，这就要求审定者既有本草学的浓厚功底，又对历代本草图有全面的了解。而苏颂正是这样一位博古通今的学者。

苏颂带领林亿、张洞等人，废寝忘食，夜以继日地工作，将药品按《嘉祐本草》的类别，一一梳理。对于一物而杂出诸郡者，同名而形状全别者，皆考证古代本草书，参酌当代药农的意见，做出正确结论；对于实物与旧本草图不符者，皆以实物为准；药物之命名产生歧疑，多数考证古书，如陆英与葫芦花即以《岭表录异》加以论证；药物产地以旧书所载为先，现今所送的产地亦列其后，如菟丝原产朝鲜，现送者出于冤句；奚毒古书记其产于少室，今送者产自蜀地；采药时间也多有矛盾，都采用两存其说的方法。

苏颂致力于本草类科学研究时，始终坚持实事求是的态度，对医师、药农们的不同意见，他能够考察清楚时，则尽量考察清楚；一时不能考察明白时，则两存其说，以待后人的进一步考察。这种科学的态度，也是他编撰的《本草图经》能取得重大医学成就的原因之一。

金秋九月，首都汴京一派繁荣景象。承平多年的京都市民，家丰人足，享乐之风渐盛。苏颂家西岗一带的民居，不断翻新扩建，许多青砖青瓦的四合院，起了画栋雕梁，翘脊飞檐的新楼阁。金银装饰的车辇，高马轻裘的富商，不时从苏颂的宅前疾驰而过。

苏颂的青瓦房，在四周楼阁殿堂的对比之下，显得更低矮寒仓。苏颂上朝与外出，既无高头大马，又无玉辇华车。他总是徒步疾行，来去匆匆。

苏家是一个大家庭，六世同堂。他的祖母许国太夫人、母亲魏国太夫人还健在，他的二叔、二姑也健在，叔伯兄弟、姐妹及其儿孙数十人。长孙苏泉先已经娶妻生子，所以六世同居。贫穷疾患，无以为生的亲友，凡来投奔，他都亲切接纳。这样，仅仅靠他月俸一万七千铜钱，是难以供养的。

9月中旬，苏颂整理了一天药物说明，累得头昏眼花，校正医书局已一片黑暗，他才起身回家。

走进家门，先去祖母、母亲房中问安，然后回妻子房中休息，见妻子辛氏一脸愁云，苏颂急切地问道：

“家中出了什么事吗？”

辛氏强装笑颜说：“没有什么事情，快去用饭吧。

已经劳累了一天，用过饭好早些安歇。”

苏颂感到妻子一定遇到了难处，只是她不愿意烦扰自己，才故意隐瞒。就进一步追问：

“我整天忙于编写医书，家庭重担全由夫人支撑。有了难处，是应该告我的，闷在心中，您会生病的。”

“祖母七十大寿还十天，三姑月底又要出嫁，嘉儿的媳妇又要临产……，而您的月俸早已用完。”辛氏连连叹息地说。

苏颂虽然任官多年，但是，既无金樽美酒，也无玉盘佳肴。现在，就是粗茶淡饭也难以为继了。

苏颂急得在室中来回踱步，苏氏世代官宦，孝悌传家。祖母的七十大寿不能没有庆典，三妹的婚礼也不能没有陪嫁。而辛夫人为了贴补家用，已经当掉了陪送的首饰，苏颂想到这里，深感对不住辛氏，为了养活这数十口人，他决心申请外调，做个州县长官。

调离繁华的汴京，生活费用可以节省许多，大的州郡长官俸禄也比秘阁校官高许多。但是，一想到正在编撰的本草药典，他又犹豫起来。是他建议皇上征集本草标本、药图与说明文字的，经过近一年的工作，大部分药物已考证鉴别完了，说明文字也已整理就绪，在这功亏一篑之时，自己离开呕心沥血编撰的巨著，确实不忍离去。

苏颂是个性急的人，他饭也不吃，就直奔富弼的宰相府。

富弼在客厅中接见苏颂，两人感情笃诚，性格直率。

“子容深夜造访，定有要事相告。”富弼还没等苏颂坐稳，就急切地问道。

“晚生家大人多，众口嗷嗷，入不敷出，捉襟见肘。京华虽美，乃富人之居。子容早已申请外调，迟迟未见圣谕。特请富公再为陈奏，早得善郡。”苏颂也不寒暄，单刀直入地说明了外调的请求。

“苏大人任职校书，已经九年，九年未调，前所未有。未调之因，是您的校书功力无人可比。苏大人校定《风俗通义》，其功有五：以私藏校官书，定为十卷，此其一；据《后汉书》等典籍，理出作应劭之生平，此其二；据庚仲容《子抄》和马总《意林》，考其内容，得篇名二十，此其三；评述文献价值，切中要害，此其四；考证卷次，勘正谬误，此其五。”

“读君《校淮南子题序》，知其收罗崇文、蜀川等七种旧本，反复比勘，终于理清已多年混淆的许慎、高诱两注。这样的难题，除君之外，谁人可解？将您调离馆阁，老夫难舍啊！”富弼滔滔不绝地讲述苏颂的校书业绩，苏颂反而沉默无言，不好再言请调了。

客厅中静默了片刻，富弼又说：

“苏大人不仅通今博古，学富五车，而且冰清玉洁，点尘不染。您写给陈颜升学士的校书诗，老夫也早就读过。

京国重阳册府家，正披愤史猎菁华……

自怜高阁穷年业，青简刊雠未有涯。

九年青灯黄卷，埋头故纸的生活应该结束了。明天早朝，老朽就奏明圣上，为君选一善郡。”

苏颂来时，由于着急，忘记了饥饿。现富弼答应他明天奏明皇上。他立即感到饥肠辘辘，腹响如鼓。就连连拜谢，告辞回家了。

嘉祐六年（1061）正月，苏颂告别汴京，结束了九年的教书生涯。他把本草书籍的收尾工作交给掌禹锡等人，到颍州任知州去了。

三月五日到达颍州，所属县、镇仍属在颍州西湖，欢迎苏颂，为他接风洗尘。

苏颂在颍州任职两年多，勤政爱民，恪尽职守，深得百姓的爱戴。

第一年的九月，掌禹锡亲自到颍州看望苏颂，告诉他本草书已编撰写完了，共20卷，目录一卷，请他撰写序言。

苏颂也在颍州西湖上为掌禹锡设宴，两人相对而坐，边饮边谈。

“禹锡兄是校正医书局的长官，子容位居其下，怎敢越位而为，撰写序言？”

我虽位居贤弟之上，但校正医书之事，所涉甚少。堆积如山之药样，皆贤弟一一鉴别；层层叠叠之送稿皆贤弟梳理考辨。我怎能贪天之功为已有，冒名撰序！

“我今年元月，即已离京，此后医书编撰全由吾兄一人领导，子容更不敢掠人之美，请兄见谅！”苏颂坚决推辞，不肯撰序。

掌禹锡有些激动地说：“贤弟离京之时，20卷正文已经编订就绪，后9个月只是抄正、校勘、编撰目录。贤弟亲历鉴别考证之苦，才能写出书中创新所在，望贤弟勿以自谦为私，而淹没医书之美！”

苏颂见掌禹锡感情笃诚，言之有理，就不再推辞。

两人经过商量，将新本草书命名为《本草图经》，苏颂撰写了序言。

公元1061年（嘉祐六年）9月修成的《本草图经》，全书收载药图933幅，附单方一千余种，增新药一百余种，是一部承前启后的伟大药物学著作 。

《本草图经》首先吸收了医经类的精华，如在泽泻条引《内引·素问》以汗解热的内容；在桂条引《甲乙经》治发痒内熨的药方；还多处引述了王叔和《脉经》的内容。

《本草图经》集本草类著作之大成。酸枣条收《神农本草经》治心烦不眠的功能；山茱萸条收《李当之药录》采收季节；滑石条收《炮炙论》形色药性之论述；对《吴普本草》、《神农本草经集注》、《新修本草》、《本草拾遗》、《蜀本草》、《开宝本草》、《名医别录》、《徐仪药图》、《药对》等书之精华，一一收录。

《本草图经》全面继承了古代医方类著作的成就。甘草条录《伤寒杂病论》中的配方与治症；蒲公英条录《千金要方》治恶刺、狐尿刺的配方；知母条录《肘后方》治溪毒的配伍；远志条录《外台秘要》治心痛气逆的验方与禁忌等。

《本草图经》所录之医书，有些已经失传，所引医方已是硕果仅存之瑰宝。如矾石条的灭瘢膏、麦门冬条的治消渴丸、生地条的治心疼方等，皆引自《海上集验方》；王不留条的治诸风痉方、芍药条的治妇人白带下方、葛根条的治金创治中风痉方等，皆引自《贞元广利集要方》；朴硝条的治热壅、驱积滞方，砜石条的治气痢巴石丸，胡麻油条的治蚰蜒入耳方等，皆引自刘禹锡的《传信方》；还引用了《李绛兵部手集方》、《独行方》、《续传信方》、《天宝单方药图》、《食医方》、《小品方》、《集验方》等书的单方。

《本草图经》对古代药物学的发展做出了贡献。它所载各种药物，一般按所出州土、生态药性、鉴别方法、采收时日、炮炙方法、主治配方等，加以叙述。苏颂不但摘述古人成就，而且根据宋代用药实践和个人见解加以论述。

《本草图经》是来自实践的科学记录，绝大多数药物来自药农与医师的普查，都配有实物标本。苏颂根据这些资料去粗取精，去伪存真，进行了科学的记录。所收933幅图，多是写实图。菜部、草部、木部所收的许多药图，至今仍可作为区分宋代药用植物的科、属、种的依据。

《本草图经》对后世的药物著作影响甚大。唐慎微所编《经史类备急本草》，第二部分即收载《本草图经》。可以说《证类本草》以《本草图经》为基础编成；《本草图经》依赖《证类本草》而传世。元代的《本草衍义补遗》，明代的《本草品记精要》，本草史上成就最高的《本草纲目》，都曾得益于《本草图经》。李时珍评论《本草图经》说："考证详明，颇有发挥。"

苏颂的《本草图经》，在《神农本草经》、《本草经集注》、唐《新修本草》和《证类本草》、《本草品记精要》、《本草纲目》间架起了桥梁。为宋以后的本草著作充实了药图，打下了基础。

《本草图经》在生物学史上，也有特殊贡献。英国剑桥大学科学史专家李约瑟博士评价说："作为大诗人苏东坡诗友的苏颂，还是一位才华横溢的药物学家。他在1060年写了《本草图经》，这是附有木刻标本说明图的药物史上的杰作之一。在欧洲，在野外可能采集到的动植物加以如此精确的木刻并印刷出来，这是直到15世纪才出现的大事。"

两位巨人的会见

公元1057年（嘉祐二年），全国各地的举子，纷纷云集北宋的都城东京（今开封），迎接每三年一次的省试（礼部的考试）。

东京城正是烟花三月，春意盎然的季节，位于国子监东侧的贡院，青砖碧瓦，庭院寂静。考场是一排排的平房，每排平房又分成若干小间，使试生置身其中，像一排排的蜂巢，狭小而拥挤。房前粉红色的杏花和白色的海棠花竞相开放，微风中飘来缕缕清香。现已春试完了，进士名单已经张榜公布，主考官可以随便接待客人，再无请托录取之嫌了。

第二层院落的正房，挂着“知贡举”的办公牌匾。室内坐着主考官欧阳修大人，他的对面坐着的是殿中丞、馆阁校勘，同知太常礼院苏颂。苏颂没穿朝服，蓝袍青裤都已洗褪了色，他在欧阳修的面前，仍有些拘谨。

他恭恭敬敬地问欧阳修：“此次省试人才济济，有哪些英俊之士给恩师的印象最深呢？”

苏颂的话，立刻引起欧阳修的极大兴趣：“老夫知贡举已非一次，得才之众，莫于过今年。出身于蜀郡眉山的苏氏兄弟，其诗文异军突起，震动文坛。雄劲如惊涛拍岸，清畅如流水行云。其试文《刑赏忠厚论》一反磔裂诡异之弊，如贾谊之淳厚古朴，如庄周之恣肆汪洋。本欲置诸生之冠，疑其为曾巩所作，而置第二。待阅文论《春秋之义》后，方知学识之渊博，见解之深邃，终列群贤之首。”

苏颂从没见过欧阳修如此激动地谈论一个素不相识的考生，知此二人定有非凡的才能：“恩师如此看重苏家兄弟，二人定是旷世之才，子容很想一见，面聆教诲。”

欧阳修谈兴正浓，不吐不快：“苏氏兄弟还有一个才识出众的父亲。名洵，字明允。近读他的二十二篇文论，豪放如大江东去，一泻千里；清新如惊雷启蛰，春风化雨。我正想将这些文章献于朝廷，刊刻流布，以正文风之乖舛。子容可选几篇，早晚浏览，岂不快哉！”

苏颂立即向文案走去，见一叠整齐的文稿堆放在右角。刚劲有力的大字题着篇名：《权书》、《衡论》、《机策》……他选出《心术》、《法制》两篇说：“晚生回去，仔细研读，定有收益，但百闻不如一见。晚生很想拜见尊颜，面聆教诲。”

欧阳修叹气说：“事不凑巧。苏氏兄弟的母亲程夫人新丧，父子三人刚刚离京返蜀。你是老夫庆历二年知贡举发现的大才，苏氏兄弟是此次脱颖而出的奇士，诸君都是一代英杰，有经天纬地之才，致君尧舜之志，老朽乐观其成。朝廷率甚！民众率甚！”

苏颂听说无法见到苏氏兄弟，只好悻悻而去。走出二门，他又返身回来，笑着问欧阳修：“恩师还没有告诉我这对本家兄弟的名讳。”

欧阳修在书案上写了“轼”字说：“哥哥名轼，字子瞻；弟弟名辙，字子由。”

这是苏颂第一次听说这位文学巨匠的名字，从此开始了两位巨人一生的亲密交往。

公元1060年（嘉祐五年）二月十五日，苏轼守孝期满，与父亲、弟弟重返京师。在东京的西冈买了一处家宅，读书交友，等待朝廷的任命。

此时，苏颂为太常博士、集贤校理、校正臣书官，正在夜以继日地校订《嘉祐注神农本草》。月俸只有一万七千钱的苏颂还买不起高贵宅第，由于高曾祖母，二曾叔祖，二曾祖姑皆在世，家大人多，常有入不敷出之忧。

苏颂听说苏轼父子还京，而且与自己同住西岗，相去不远。就去拜见正在奉旨撰写《唐书》的欧阳修，想请恩师介绍他去会见苏洵父子。欧阳修因赶写《唐书》，想在七月呈送御览，就给苏洵修书一封，让苏颂拿去相见。

东京西冈的一座青砖青瓦四合院，在正厅的书房里，宋代的科学巨星苏颂与文学巨匠苏轼，终于见面了。

苏轼和苏辙正在抄写父亲的《心术》与《远虑》两文，登内讨文的人络绎不绝，每天都得送出几篇。

老仆来通报说有一官人求见。父子三人立即出门迎接。

苏颂躬身施礼，呈上欧阳修的书信。父子三人拱手还礼，将苏颂让入书房。

苏洵读过欧阳修的书信说："早听欧公说过，苏太常文思敏捷，处事精慎。在江宁、南京皆有政绩。今日得见，真是三生有幸，幸会，幸会！"

苏颂起身拱手说："先生谬奖，愧不敢当。嘉祐二年从恩师处得三位宏文巨制，反复诵读，受益良多。朝思暮想，以求一见，今能面承教诲，于愿足矣。"

苏轼欠身，边请苏颂饮茶边说："既是本家，不知苏太常祖居何处？"

苏颂向东南揖拜说："子容乃泉州府、同安县人。先祖苏益，从河南固始迁入福建。"

苏洵进一步问道："太常乃名门之后，孝悌传家，汉唐世系一定十分清楚吧？"

苏颂又向西北揖拜说："先祖益公，曾为世谱作席，记吾族渊源。益公乃唐代许国文贞公廷第三子诜公之六世孙。文贞公廷乃汉代苏建、苏武之脉绪。建公事武帝，封平陵侯，居长安，葬武功，是为武功之苏氏。武公传纯，纯传章，章公十三世孙環，環生颋，是为文贞公。”

苏洵听到这里，高兴地拦住了苏颂：“请苏太常品茗，明允已听明白。吾族虽出身布衣，但饮水思源，未能忘本。吾之先祖，亦可追溯至建、武、纯、章。章祖之十一世孙味道，任唐风阁侍郎，后迁眉州刺史，遂有眉山之苏，洵乃眉派嫡传子孙。凭此而论，我们是同宗的本家啊！”

苏颂听后，十分高兴，举起茶杯说：“听明允宗之所言，子容不胜荣卑之至。让我们以茶代酒，表示庆祝，就认为同宗吧！”

四人举杯，都将杯中香茶，一饮而尽。

苏轼略加思索说：“以苏太常所言，章祖至環公十三世，環、题、震、奕、益又四世。益为太常入闽始祖，至太常又五世。以先严所传族谱，章祖至味道公十一世。味道公为眉派始祖，至先严又十一世。以此论之，苏太常与先严同辈，吾当以族叔称之，请受二位小侄一拜。”

苏颂连忙拉住苏轼、苏辙的手说：“免礼，免礼。还是让我拜读三位的近作吧。”

话题转到了三苏的诗文和苏颂编撰的医药古籍，不知不觉中，已经日落西山，夜幕降临了。

东京西冈的这次会见是中国科技史与文学史上的伟大篇章，这两位巨人都为中华民族做出了伟大贡献。

苏颂在世界科技史上，一人独得六项世界第一。

公元1088年（元祐三年），苏颂与韩公廉等研制成功了水运仪象台，这是一座像三层楼房一样高的巨大的天文仪器。它的上层是观测天象的浑仪，中层是演示天象的浑象，下层是机械报时装置。

水运仪象台的顶部是活动性屋板，观测时可以拆开，雨雪时可以合闭。中外学者一致公认，这是世界上天文台圆顶自由启闭室的鼻祖。这是苏颂的第一项世界第一。

水运仪象台的浑仪窥管（望筒），通过“天运环”等机件与水力推动的枢轮相连。使窥管与被观测的天体能同步运动，从而，发明了现代天文台跟踪机械——转仪钟。英国剑桥大学科技史专家李约瑟说：“苏颂把时钟机械和观察用浑仪结合起来，在原理上已经完全成功。因此，可以说他比罗伯特·胡克先行了六个世纪，比方和斐先行了七个半世纪。”这是苏颂的第二项世界第一。

水运仪象台的总动力轮——枢轮，是由一组叫“天衡”、“天权”、“左右天锁”的杠杆系统控制的。由于“天衡”系统对枢轮的擒纵控制作用，使以水力推动的枢轮能等速地均匀地向前运转。它的作用与现代钟表的关键部件——锚状擒纵器（俗称卡子）的作用完全相同。李约瑟研究了水运仪象台之后说：“我们借此机会声明，我们以前关于‘钟表装置……完全是十四世纪早期欧洲的发明’的说法是错误的。使用轴叶擒纵器重力传动机械的钟是十四世纪在欧洲发明的。可是，在中国，许多世纪之前就已有了装有另一种擒纵器的水力传动机械时钟。”这是苏颂的第三项世界第一。

苏颂在他的《新仪象法要》一书中，为我们留下了五幅星图。这是保存在国内的最早的纸绘全天星图。另一套唐代全天星图——敦煌星图，被法国人斯坦因窃走，现存英国伦敦博物馆。但，敦煌星图远不及苏颂星图科学与精确。苏颂在他的星图中，首创圆横结合的画法，解决了长期以来赤道与北天极周围绘制中失真的问题。这是苏颂的第四项世界第一。

苏颂在《新仪象法要》中还为我们留下了世界上最早最完整的机械图纸，共有整体图、部件图、零件图六十多幅，绘制机械零件一百五十多种。正是有了这些图纸，王振铎与李约瑟两位前辈，才能在北京和英国的南肯辛顿科学博物馆分别复制出水运仪象台。这是苏颂的第五项世界第一。

苏颂还发明了世界上第一架假天仪。你去过北京动物园附近的天文馆吗？馆中以声光电表演一昼夜日月星辰运转情况的仪器就是现代的假天仪。苏颂发明的假天仪是一个大圆球，人居其中，凿孔为星，一昼夜转一周，与天象完全相符，以水力推动。这是苏颂的第六项世界第一。

苏轼以文学著称于世，其诗词开豪放派风气之先，汪洋恣肆，清新雄健。有些名篇家喻户晓，妇孺皆知。

亲爱的读者，您大概也会背诵苏轼的诗词吧？

大江东去，

浪淘尽千古风流人物。

故垒西边，

人道是三国周郎赤壁。

乱石穿空，惊涛裂岸，

卷起千堆雪。

江山如画，一时多少豪杰。

……

唐宋的诗文，首推唐宋八大家，苏轼父子就占了三人。苏轼多才多艺，对书法绘画也卓有成就，与黄庭坚、米芾、蔡襄并称“宋四家”。

特别值得一提的是他在医学上也有独特贡献。流传至今的《苏沈良方》是他与沈括所作。对药物之考证，纠正《神农本草经》之误，如关于山豆根药性的辨析，就为寇宗奭（《本草衍义》作者）和李时珍所称赞。

卷六秋石方、阴炼法、阳炼法中，记载了我国11世纪从人尿中提取纯净的性激素结晶，并在临床使用中取得良好疗效。提取过程中使用皂荚汁（皂甙）沉淀甾体（类固醇）这一特异性反应，比西方医学在1909年才报道，在1927年才发现孕妇尿中含有大量性激素，要早800多年。

首创杭州自来水

熙宁三舍人事件，虽然苏颂因抗旨被罢官，但满朝文武官员都敬佩他忠于职守，不畏诛罚的精神。就连神宗皇帝事后也认为他“忠直可嘉”。其后不久，出知婺州，擢知应天府。调秘书监，知通进银台司，又回到皇帝身边。

这段时间里，王安石在神宗支持下，又公布了理财的免役、市易、方田均税诸法；强兵的置将、保甲、保马各法，也先后实施。韩琦、司马光、苏轼等强烈反对。苏颂以为有利于国富民强的就支持，不利于民众生计的就反对。他支持过官制改革与教育改革。

1075年（熙宁八年）发生大旱灾，连续数月，滴雨不下。水乡泽国的钱塘江畔，竟然土地龟裂，烟尘滚滚。“上有天堂，下有苏杭”的富饶之区，看不到昔日碧绿的稻浪，金色的菜花。遍地是旱死的秧苗，乞讨的灾民。真是哀鸿四野，嗷嗷待哺。

灾情报到东京，神宗皇帝也寝食不安。他必须选一个爱民如子、廉洁奉公的人去杭州任知府。这时，他想到了耿直忠厚的苏颂。

神宗在重拱殿召见苏颂。

苏颂跪伏丹墀之上，等待皇帝的呼唤和垂询。

神宗急切地说：“苏爱卿平身”。又让侍从赐坐。

苏颂三拜之后说：“圣上唤老臣，不知有何吩咐？”

神宗一脸愁云，极度哀伤地说：“曾巩、苏轼连续上奏，苏杭灾情十分严重。去年夏秋，苏杭大旱，秧秧无实，几乎绝收。今春大疫流行，尸横遍野，死者过半。苏子瞻奏书说死者已达50余万。朕素知苏爱卿忠直仁厚，廉洁爱民，想派爱卿为我赴杭州，救死赈饥，拯民水火。不知卿意如何？”

苏颂再行三拜九叩之大礼，感谢圣恩：“古之吴越，要郡衢，沃野千里，米粮之仓。京师之米，亦赖东南之济。圣上垂爱，臣不敢辞。将立即离京，日夜兼程。”

1076年（熙宁九年）三月下旬，东京古城的金水门外，翰林学士杨元素、龙图阁学士宋敏求、同修起居注钱藻等，为苏颂饯行。

宋敏求因与苏颂一起经历了李定事件的风风雨雨，感情笃密，首先举杯说：“疾风知劲草，岁寒见贞松！圣人知人善任，终识贤良。贤弟此行，定能救民抚饥，再造吴越。我们就此一别，敬候佳音。”

苏颂举杯，与大家一饮而尽。

杨元素也举杯说：“吴越饥馑，已有半载，啼饥号寒，不绝于耳；吊死报丧，相继于路。舍人此去，任重道远。上输帝心之虑，下抚饥民之心。职艰事繁，尚望珍重。”

苏颂十分激动地说：“子容深知饥荒之重，疠疫之凶。圣上晨食宵衣，忧思惕厉。臣怎敢留恋京华，爱惜微躯。”再次举杯，一饮而尽。然后，与诸友一一揖别，奉母携妻，匆匆上路了。

四月初四，苏颂到达杭州。各州、县属吏奉迎于城门。饥民扶老携幼，夹路围观。苏颂下马揖拜，匆匆入城。

回到府衙，各位属吏请苏颂按惯例，在中庭的廊柱上题词，以便记录，永传后世。苏颂素来仁孝，就请母亲代笔。

苏老夫人是龙图阁学士，前杭州郡守陈从易的长女。幼读诗书，熟读经史，又写得一手隽秀的好字。儿子请她，也不推辞，思索片刻，在廊柱上写道：

“吾少从父至此邦，次与夫偕来，今同吾儿，凡三到，尽阅江山之胜。”

苏颂母亲的题词，收入《樵书》，流传至今。《樵书》解释说：

“宋晋江魏国夫人陈氏，龙图从易女，内翰苏绅妻，丞相颂之母。三公皆出为杭州守。”

一个家庭有连续三代亲人任杭州市长，这在杭州历史上，也是很罕见的历史佳话。

苏老夫人题词之后，属吏还想设宴招待苏颂。苏颂因满城的饥民面黄肌瘦，哀声四起，命撤去宴席，听各位属吏汇报灾疫之情。

苏颂送走属吏，不顾一路鞍马劳累。舟船颠簸，立即伏案给皇帝写《杭州谢上表》。他在汇报了灾情疫状和属吏职守后，满怀激情地写道：

“伏遇皇帝陛下，躬临庶政，周虑万方。会江淮之荐饥，烦宵肝之遐虑。眷臣累久之勤因而任使。臣敢不悉心竭力，求瘼恤灾，道佐明主，德施远方。以荒政之所宜，力职事之先急。宣布上恩，以符圣怀。”

到任的第二天，苏颂就亲率府吏，上街施粥，访贫问疾，四处奔走。

五月的西湖，碧波万顷，柳舞莺啼。但饥饿的杭州，无人游玩。一群饥民和囚犯，在白堤上拦住了苏颂。

他们跪在新来的知府面前，哭诉自己的冤情：“我们因欠了转运司的市易缗钱，被夜囚昼系，这样至死也还不上官府的欠款。请知府大人救救我们。”

苏颂略加思索后说：“我可以释放你们，入市经营，衣食所剩，悉以还官。”

众人叩头谢恩，他们都守法经营，如期还清了欠税。此事在杭州传为美谈。

苏颂经过一年的辛劳，终于安抚了灾民，医治了病疫，杭州城开始复苏了。

那些离乡背井的灾民开始回家种地了，萧条的街市又挂起酒幌和牌匾，响起了招徕生意的叫卖声。杭州知府的衙内，也开始正常办公了。

苏颂自到杭州，就感到井水苦涩，特别是他的母亲喝了这种井水常常腹泻。苏颂认为杭州是水乡泽国，民众长年累月地饮此苦水是知府的失职。于是，请府中旧吏商量解决民众的饮水问题。

杭州主簿告诉苏颂，城外有座凤凰山，山上有眼石缝泉，日夜涌流，水势很猛，足以供应全城百姓。前几任知府曾试着引水入城，因山高涧深，都没有成功。

苏颂听说后，立即让主簿领着他和几名衙役，到凤凰山去察看石缝泉。由于山高林密，岩峭苔滑，主簿劝苏颂不要上山，或让衙役抬他上山。

苏颂擦擦头上的汗水，脱掉长衫，对主簿说："老朽虽已五十有八，每日粗茶淡饭，却筋骨强健。爬不动时，再抬不迟。"

两个衙役一前一后，夹着苏颂爬山，遇到陡峭之处，就推拉一把，用了一个时辰，终于爬上了山顶。苏颂认为由于石缝泉接近山巅，居高而下，流势迅猛。虽有一岭两涧相隔，也可引入市区。

主簿说前两次引水，都因山涧跨度较大，无法修成渡槽而失败。

苏颂笑着说："遍山青竹，同空成管，正好输水，何必修槽！"

苏颂率领众人，一边下山，一边丈量，记下高度与距离。苏颂结合他提典开封府界县镇公事时，治理白盟、白沟、圭、刀四河的经验，计算着用工与用料，确信这件造福民众，泽被子孙的事是可以办成的。

苏颂办事，雷厉风行，从不拖延。第二天，请全体府吏与著名绅商知府衙门开会，动员大家献物出工，共襄盛举。大家一致拥护苏颂的主张，纷纷捐钱献物，盼望早日引水成功。

苏颂亲自督工，仅用十个月的时间，就将泉水引入了府衙。他在庭院摆上许多长桌，请捐钱献物的绅商、城郊各郡的官吏、砍竹引水的民工代表，都来引水品茶。

府衙内外，张灯结彩，锣鼓喧天，鞭炮齐鸣。府门前车水马龙，人山人海，都来围观这清茶一盏的盛会。

苏颂请出苏老夫人，坐于长桌的正中。亲自斟满一杯淡香的龙井茶，双手捧给母亲。然后，各桌纷纷沏茶倒水。由于泉水甘甜，许多民工，不愿饮茶，竟喝凉水。苏老夫人向大家举杯，府衙内外，一片欢呼。唢呐高扬，锣鼓震天。庆祝杭州城结束了苦井涩水的历史。

引水工程的第二步是将水管架入大街小巷和每一个家庭。先是荣楼酒店，富绅巨商；后是差役兵丁，织工摊贩；贫病之家，鳏寡孤独，由府衙协办。

苏颂记述引水工程的诗中说：

峨峨凤凰山，有泉出其腋。

初微才滥伤（水浅仅能漂起酒杯），渐大乃穿石。

……

我昨寻胜游，偶见为心恻。

科工度山原，举步过门戟。

水道兹可行，面势正相值。

剪裁竹千竿，接连笕（简，引水竹管）万尺。

……

不及浃旬间，已到堂皇侧。

吐溜始涓涓，循除俄虢虢（国，水声）。

……

公堂及燕寝，股引吝疏派。

何期南涧流，近在使君宅。

日用助烹爨（窜，烧火煮饭）。

岁储供醴酵（礼译，酿造甜酒）。

……

一支出横廊，通衢见勿幂（密，盖）。

众器竞挹斟（拘，酌）。

万口得畲（贯，浇水洗手）深。

引水工程的第三步是改造环境。由于泉水自高而下，冲力甚大，苏颂在府衙的后园，设置了湖池溪流，数丈喷泉；又广植林木，苍松翠柏，百卉争芳。他也写诗，加以记述：

尝闻武林都（杭州之旧称），

秦号蓬瀛（营，蓬莱、瀛洲，海中仙岛）国。

湖山空在望，

车马难履历。

阻听潺湲（元，流水声）声，

谩（慢，空泛）怜苍翠色。

自得飞泉来，

顿觉顿襟释。

……

环流随启处，

玉音闻几席。

尘土汩（骨，水流貌）以消，

形容清可觌（敌，见）。

谁知簿领（官署）中，有此山林适。

若非仕江乡，何由见奇迹。

苏颂对保护饮水，改造环境，特别重视。他对各级官吏和后代子孙寄以深情厚望。他在“石缝泉”诗最后写道：

智者以乐水，君子以观德。

岂徒狎而玩，守嗟渫（屑，污浊）不食。

良嘉上善功，所至为利泽。

兹泉虽未大，其用已为益。

犹有膏润资，更期酾（筛，疏导）导力。

来哲倘不造，庶几成远绩。

九百多年前的杭州市长，就认为爱护水资源是一个人有远见卓识的标志，并把爱水提高到一个人是否有道德的高度来衡量。他期望后来的官吏与贤哲，扩大水利对于百姓的膏润之资，创造更宏远伟大的业绩。

在全世界水资源日益危急的今天，我们讲述苏颂创办自来水，爱护水的故事，使我们对这位伟大科学家的远见卓识，更加肃然起敬。

两次出使辽国

1077年（熙宁十年）4月，杭州城杨柳婆娑，花团锦簇，西子湖碧波荡漾，画舫悠闲，“接天莲叶无穷碧，映日荷花别样红”。六和塔下，游人如织，擦肩接踵。杭州沉浸在安乐祥和之中。

苏颂的府衙又传来新的圣旨，调他入京，编修宋仁宗、英宗两朝国史。苏颂看着在饥饿与疫疠中复兴的杭州城，看着休戚与共的百姓，真有些舍不得离开。但是，修史乃千秋大业，可万世流芳，他还是匆匆北上了。

5月，苏颂回到东京。两朝国史院已经组成，由宰相吴流任提举，以龙图阁大学士、右谏议大夫宋敏求为修史，秘书监、集贤院学士苏颂为同修史，秘书丞、集贤校理王存等三人为编修官。

神宗向修史人员颁赐笔墨砚。苏颂得笔70管，墨50锭，澄心堂纸13轴。他们经过两个月的工作，编成了仁宗、英宗《纪草》，呈神宗御览。

8月，正在史局埋头干书案的苏颂，再次拜接圣旨。神宗命他以龙图阁大学士、给事中，充辽主生辰国信使，出使辽国。

苏颂一生，五次任使辽的外交官员，他第一次参与外交事务是1067年（治平四年）圣寿节，任辽国使臣的伴送使。他们行至恩州，驿馆起火。由于苏颂遇事镇定，举措得当，没有发生骚乱。辽国使者没有受到惊扰，很得皇帝赏识。

1068年（熙宁元年），苏颂任贺辽太后生辰使，出使辽国，写了《前使辽诗》，详记道路所见，山川险夷，风俗民情，并以其所知情况，提出对辽的和平外交政策。

1069年（熙宁二年），苏颂任辽国贺生辰伴使。这是他第三次执行对辽的外交使命。

1077年（熙宁十年）8月，苏颂再次任贺辽主生辰使。这次往返历时四个月，历尽磨难，是他任外交使节时间最长的一次，他写了《后使辽诗》，详记其事。

1082年（元丰五年），苏颂再次任辽贺正馆伴使，这是他第五次任辽使，也是最后一次。我们要讲的是他两次出使辽国的故事。

苏颂1077年8月受命，经过两个月的准备，10月3日踏上了北征之路。

金秋十月，天高气爽。汴梁北去的路上，稻浪滚滚，一望无际。苏颂率领一行人马，晓行夜宿，马不停蹄，仅用10天，就到达了北都真定（今河北正定）。

北都府尹是潞国公文颜博，在府衙的雅集堂设宴招待苏颂等一行，前宰相宋痒应邀作陪。轻歌曼舞，鼙鼓阵阵。酒过三巡，大家谈兴正浓。

文彦博举杯说：“老夫素闻苏龙图博雅多才，早想请教。偶读古书，见魏收有‘通峭难为之语’，不得其意，又无从考查。请苏龙图教我。”

苏颂连忙起身，刚想作答。宋痒多喝了几杯，抢先说：“峬峭乃曲折之意，曲出《木经》，梁上小柱也。”

苏颂举杯对大家说：“为谢前辈抬爱，子容就以峬峭为诗，答谢潞公。”

大堂内立即鸦雀无声，苏颂高声朗诵：

高宴初陪听拊鼙，清谈仍许寿挥犀。

自知伯起难逋賄，不比淳于兽滑稽。

舞奏未终花十八，酒行先困玉东西。

荷公德度容狂简，故敢忘怀去町畦。

苏颂话音刚落，响起一片鼓乐欢呼之声。

文彦博再次举杯说：“苏龙图疾行千里，鞍马劳顿。大家饮最后一杯，送他去客馆安歇了。”

人们都一饮而尽，各自散去。

夜幕降临，繁星满天。朔风初起，更鼓频传。苏颂酒后兴奋，难以入睡。他想起了10年前第一次使辽的情景。

他想到前次路过潭州（辽置潭州，今喀喇沁左翼）信武庙，曾写诗表达自己的和平思想：

夷裔陵边久，文明运算商。

三冬驰日御，一夜损星旄。

从此通戎赂，于今袭战袍。

威灵瞻庙像，列侍写贤豪。

民获耕桑利，时无斥堠劳。

金缯比干櫓，未损一牛毛。

过了燕山，险峻之地就是白沟了，也曾写诗记述其陡峭，支持对辽友好的外交政策：

青山如壁地如盘，千里耕桑一望宽。

虞帝肇州疆域广，汉家封国册书完。

因循天宝兴戎易，痛惜雍熙出将难。

今日圣朝恢远略，偃兵为义一隅安。

路守古北口，瞻仰了杨无敌庙，又经一段崎岖的山路，到达霫（习）、奚（西）两族的居住区。最巍峨险要的是度云岭，登临山顶，确实云在脚下，路接青天。也曾写诗记录，以传后人。

磴道青冥外，跻（机，升）攀刷箭飞。

朔风增凛冽，寒日减清晖。

使者手持节，征人泪湿衣。

此时人杰意，心向白云归。

过了度云岭，是绵延起伏的奚山。时而要淌过冰冷的涧水，时而要爬上盘旋的山道。密林的岩洞旁，见过黑熊的遗迹；黑夜的寒风中，听过猛虎的狂啸。

奚山中的辽人，游牧而居，兼及农耕。牛马追逐水草，用车拉着帐篷与家具，唱着民歌，一派和平景象。摘星岭像度云岭一样高峻，爬过摘星岭，已经筋疲力尽，就在柳河馆的长源邮舍安歇。

第二天爬牛山，登会仙石，宿鹿儿馆。冬至到达紫蒙馆，经过41天的跋涉，行程三千余里。过就日馆、神水沙碛、土河馆、神水馆，于12月17日到达榆林。

苏颂回忆上次路程的情况，计划着此次的行程。他想更多地了解辽国的风俗民情，更详细地记录军事堡寨；更准确地绘制山川地形，以不负神宗的委托。

十年后的再次出使，苏颂依然雄心勃勃。他再次登临古北口，骑马飞驰奚山。但已力不从心，疲累使他不得不命令下马休息，但他依然秉笔吟诗：

奚山缭绕百重深，掘节何妨马上吟。

当路牛羊眠荐草，避人鸟鹊噪寒林。

羸（雷，弱）肌已怯毡裘重，哀鬓宁禁霰（线，冰晶）雪侵。

独爱潺湲溪涧水，无人知此有清音。

11月16日到中京（内蒙古宁城西），天气暖得出奇。苏颂特意加以记载，说明这位科学家对气候的关注。

东辽本是苦寒乡，况复严冬入朔疆。

一带土河犹未冻，数朝晴日但凝霜。

……

苏颂对土河加了如下的注文：“中京北一山最高，土人谓之长叫山。此河过山之东，才可渐车，又北流百余里，则奔注弥漫。至冬冰厚数尺，可过车马，而冰底细流涓涓不绝。”详记辽国山川实况，可供军事、交通之参考。

苏颂对辽国的牧养技术，加以详细的考察和记述，也是珍贵的科技资料。

苏颂专有《契丹马》一诗，最后两句是“略问滋繁有何术？风寒霜雪任蹄毛。”其注文是“契丹马群动以千数，每群牧者才三二人而已。纵其逐水草，不复羁豿（注，后左足白色马）。有役则旋驱策而用，终日驰骤而力不困乏。彼谚云：‘一分喂，十分骑。’看汉人户亦以喂养多少为高下。视马之形，皆不中相法。蹄毛俱不剪剔，云马遂性则滋生益繁，此养马法也。”

汉族古代的养马法与契丹人不同。《周礼》说：“牧师掌牧地，皆有厉禁而颁之。”要求“齐其饮食，简其六节”，是违背马的自然生长规律的。

唐代《监牧碑》曰：“攻驹，教駣（逃，马四岁），讲驭，藏仆，刻之，则之，羁之，策之，就其才也。”这些主观上想养好马的措施，多数违背马的习性，因而是不科学的。

宋代的养马技术见于王愈《蕃牧纂验方》，其“四时调适之宜”一节记载：“春季放大血，则夏无热望之病……每日麸料各八分，卯时骑习驰骤，辰时上槽，喂罢，饮新水，申时再喂罢，搐拽调习行步，令马头平，至夜半再喂。每日三次喂。夏季……须打棚令马于风凉处，不得着热。每日喂饲比春季加料减麸，寅时骑习驰骤，卯时上槽，喂罢，饮新水，未时再喂，亦饮新水，申时搐拽调习行步，至二更时，喂第三次，每五日一次于河内深处浸之.秋季每日麸料各八分。卯时骑习驰骤，辰时喂，巳时饮新水，申时再喂罢，搐拽调习行步，半夜喂第三次。自八月以后，勿令马于雨露处霖泥，勿令久卧湿地，至九月宜上粪场歇卧。冬季……每日麸料各八分。卯时骑习驰骤，巳时上槽罢，饮新水，未时乘骑搐拽调习行步。酉时再喂，至夜上粪场歇卧，四更时喂第三次。”这是对马的四季喂养较详细具体的记载。

苏颂对比宋辽两国养马的技术，他提出了两条辽国养马技术的长处。即“马遂性则滋生益繁”，“纵其逐水草，不复羁靮”，“蹄毛俱不剪剔”。这都是按马的自然生长规律来牧养，是符合马的生活习性的，因而是科学的。

苏颂一行，正好是腊月冬至日到达上京（今内蒙古巴林左旗）。辽国派伴使出郊迎接，引苏颂等去使馆安歇。

第二天，辽主在大殿接见苏颂，并设宴招待。

辽道宗耶律洪基端坐正中，两侧排列着珠光宝气的嫔妃，前排站立着冠貂披裘的重臣，殿侧是欢迎的仪仗队，凯歌高奏，击鼓频敲。

苏颂在鼓乐声中，送上神宗的贺表。随行人员抬入十担贺礼，有杭州织造的绸缎，苏州生产的刺绣与彩锦；有钧窑生产的红铜釉瓷，景德镇的青花瓷，建阳窑的黑釉白花瓷，有唐代名家的书画，李廷珪的墨，澄心登的纸和端砚。

耶律洪基见这丰厚的礼品，早已心花怒放，重臣与嫔妃也个个笑逐颜开。耶律洪基命侍从收好礼品，降阶而下，请苏颂到宴会厅入席。

辽主举杯对苏颂说：“苏贺使的光临，使隆冬严寒的北国，红日高照，暖气融融，大有阳春早来之兆。又恰巧冬至日到达，真是可喜可贺！为欢迎苏贺使，请诸位满饮此杯。”

一阵欢呼，辽主与各位重臣，都一饮而尽。苏颂也不得不全部喝下。

三杯过后，辽国的伴使问苏颂：“久闻苏贺使学识渊博，经史百家，无所不知；天文地理，无所不晓。贵国冬至，先我朝一日，不知如何推算而得？孰对孰错？”

苏颂有些为难，说辽国正确吧，有损于大宋尊颜，说宋朝正确吧，又伤了辽人的感情。

他正在犹豫时，辽主又说：“苏贺使但讲无妨，两国所定不一，总有对有错嘛！”

苏颂经过周密地思考说：“历家算术小异，则迟速不同。如亥时节气交，犹是今夕；若逾数刻，则属子时，为明日矣。故可谓都对，或先或后，各从其历可也。”

伴使连声叫好，辽主喜笑颜开。为苏颂担一把冷汗的随行人员也都长出了一口气。

苏颂酒量很小，又十分疲倦，饮过几杯，就向辽主告退，回大同驿馆安歇了。

苏颂在上京参加了耶律洪基盛大的生日庆典。又在上京游览了三日，让人马稍事休息，准备好回程饮水、食物。但他自己并没有休息，与重臣了解辽的官制典章，与伴使谈论辽的奏书礼仪，向市民请教风俗习惯……这一切，对后来他编写《华戎鲁卫信录》一书，起了很大的作用。

苏颂不敢久留，随行人员也个个归心似箭，他们已经离家两个月了。腊月26日，他们告别辽主，踏上了回程。

1078年（元丰元年）正月28日，苏颂圆满地完成出使任务，回到东京，受到宋神宗的称赞与嘉奖。

因陈世儒案蒙冤入狱

1078年（元丰元年）正月28日苏颂一行回到东京，神宗在垂拱殿赐宴，奖赏苏颂等出使有功之臣。

神宗在宴席上，极力称赞苏颂不畏辛劳，跋山涉水，圆满地完成了任务。宰相吴充也嘉许苏颂学识广博，处事机敏，并于冬至先后的回答十分得体。

神宗问及辽国叛服之迹，苏颂回答说："宋辽讲和日久，彼学我典章制度，未有叛离之意。汉武帝久勤征讨，匈奴终不服。汉宣帝以和代战，呼韩单于却稽首称藩。和胜于战。"

众人散去后，神宗留下吴充说："古人云：'路遥知马力，日久见人心。’子容之为人，寡人知矣。李定事件，不避斧钺之诛，足见他耿介忠直；杭州救灾，不贪一钱一米，可知他廉洁爱民；任使赴辽，不畏千辛万苦，说明他恪尽职守。吴爱卿想让他任何职呢？”

吴充不假思索地立即回答：“苏子容学贯五车，博古通今。经史、百家，无所不晓，星官、算法，亦精于心。修史良才，不可不用。老夫欲请他再回史局。”

神宗见吴充不解其意，就直截了当地说：“现开封府尹告缺，朕想命苏子容任此要职，以安京师。”

吴充听神宗一说，这才恍然大悟，忙说：“甚好，甚好！老臣马上布置舍人院拟旨。”

苏颂执法严明，听决精敏。上任仅仅半年，开封就秩序井然，四民乐业，各安其居，京师称治。

六月的开封，骄阳高照，热气袭人，汗流如雨。苏颂仍没有休息，正在听司理参军报告案情：“国子博士陈世儒婢女，告发陈妻李氏，平时与陈常常口角，怀恨在心。曾多次对侍女们说：’博士一旦持丧，我一定重赏你们。‘不久，陈母张氏被害死。现已验尸，为陈妻李氏婢女用毒所害。此案正在审理，不知府台大人有些什么指示？”

苏颂老成持重地说："法不因人而宽，事不因情而异。法以公平为上，事以求实为先。诸君只要执法严明，量刑出以公心，就一定会办好此案。"

司理参军继续汇报说："陈妻李氏虽怨恨其母，但并未明言用毒。又不曾亲自加害，按法不当处死。陈正儒不知此事，更应从轻惩处。"

苏颂指示说："请再加调查，依法判之。"

苏颂见众人气喘吁吁，挥汗如雨，就让大家休息了。

衙役呈上一信，苏颂拆阅，乃任中都官的妻弟辛化光所写，其信息昨天听皇帝身边的宦官说："皇帝很关切陈世儒一案，认为李氏丧尽天良，乃人伦大恶，应从重惩处。请苏颂一定理解上意，勿违圣心。"

第二天早朝，神宗果然留下苏颂，问及陈世儒一案，并告诫苏颂说："朝臣有人言卿欲宽纵陈世儒夫妇，朕不敢信。但陈、李所犯，乃人伦大恶，宜严不宜纵。"

苏颂跪拜说："京师重地，权贵林立。吾皇重托，臣不敢怠。凡有罪者，皆付有司。诚以公平，不言轻重。一有所倾，必坏国法。此案臣既不敢言宽，亦不能喻重，只能告之以公，绳之以法。"

苏颂的固执己见，使神宗再次想起了对李定的任命，提醒他说：“陈氏为官多年，亲友在朝甚众，说情者一定很多，爱卿可一定要执法严明，勿为说情所动。”

陈世儒一案，久拖不决。1079年（元丰二年）正月，移交大理寺，8月又移交御史台。

由于李定任御史中丞，此案变得复杂起来。李定对苏颂拒不草拟他任监察御史里行诏书一事，一直耿耿于怀，伺机报复。陈世儒一案，已有许多传闻。他立即找密友大理寺丞贾种民商量，准备利用这些传闻，加害于苏颂。

贾种民告诉李定，陈世儒妻子李氏的母亲是枢密院副使吕公著的侄女，已多次哀求吕公著向苏颂说情。吕公著与苏颂相识于考场，是多年挚友，其往来甚密，极可能暗中说情。于是，李定唆使贾种民密奏神宗，说苏颂有受托宽纵之嫌，应收审鞫对。

九月，苏颂被逮捕，送御史台，囚于三院东阁。

此前，苏东坡也因《湖州谢上表》，被李定诬告入狱，囚于知杂南庑，才一墙之隔。苏轼被辱骂拷打的声音，苏颂听得清清楚楚。

御史台与大理寺合审苏颂。御史受李定指使，极力诱供。劝苏颂说：“府尹是素有雅望的长者，请自己招供吧，免受困辱和皮肉之苦。”

苏颂多方辩白，御史始终不信。再次诱供说：“府尹与枢密副使吕公甚善，李氏乃吕公甥女。有司已收到检举状，请苏公自言，定可以从轻发落。”

苏颂气愤地说：“使我诬人，死不可为。欲自诬，虽重不避。以我之口，难对御史之心。御史可告，如何自诬。”

苏颂在御史诱导下，说了一些自诬的话。经记录官贾种民的增改，构成了可以判刑之罪，将案状上报朝廷。

苏颂回到牢房，不再提审。铁窗外，秋风瑟瑟，苦雨凄凄，细柳在风中呼叫，呜咽，传来了隔壁苏轼被拷打的呻吟和拷问者的吆喝声。

苏颂与苏轼的处境十分不同。苏颂不仅没有遭受拷打，而且狱卒和衙役们对这位素有雅望的开封府尹十分恭敬。三院东阁的顿姓小吏因受过苏颂的恩德，每日都来问安，并送些食物、书籍。

苏颂向顿姓小吏要来纸笔，给隔壁被关押的苏东坡写诗，记载两人同时被诬入狱的冤情。

“早年相值浙江边，多见新诗到处传。

楼上金蛇惊妙句，卷中腰鼓伏长篇。

仳离岁月流如水，抑郁情怀积似烟。

今日柏台相望处，隔垣音响莫由宣。”

这首诗是回忆他们杭州的一段交往。

“早年相值浙江边，多见新诗到处传。”

是说苏东坡任杭州通判时，苏颂已很仰慕苏轼的诗了。

“楼上金蛇惊妙句，卷中腰鼓伏长篇。”

是说苏东坡在望湖楼上的观雨诗，有“电光进掣紫金蛇”之句，“卷中”是说苏轼不久前送苏颂的轴诗中，有“有如琵琶弦，常遭腰鼓闹”的佳句。

“仳离岁月流如水，抑郁情怀积似烟。”

是别离的岁月像流水一样逝去，而两人被压抑的情怀却像阴郁的积烟。

“今日柏台相望处，隔垣间响莫由宣。”

柏台是御史台的别称。现在两人在御史台受审，虽一墙之隔，彼此却不能说话。

苏颂写完了一首，就在囚室中来回踱步，构思第二首诗。第二首是写苏东坡在王安石变法中受压抑的经历，对他的诗才与政绩十分钦佩，充满同情之心。

词源远远蜀江流，风韵琅琅舜庙球。

拟策进归中御府，文章传过带方州。

未归纶阁时称滞，再换铜符政并优。

叹惜钟王行草笔，却随诸吏写毛头。

其诗的一二句是说苏轼的诗词源远流长如浩荡之蜀江，风韵琅琅继承了舜庙所创韶乐的金玉之声。

三四句是说苏轼的文章，“中御府”是殿中省的别称，其意为草拟的策文应入殿中省；“带方州”指朝鲜，其意为美妙的文章被高丽使者带回国内。

五六句是说苏轼因反对王安石变法政治上被排斥，外任杭州通判、密州知州、徐州太守等，一直没回中央任职，舆论都同情苏轼的滞留。在不断变换铜符的任职中，苏轼的抗旱防洪、政绩并优。

七八句是说可叹苏轼写得钟繇王羲之行草书法的妙笔，竟然按狱的旨意写毛头供词。

苏颂写完了两首诗，抒发了心中的郁闷之气，走向窗前，见天空仍是乌云密布，凄风苦雨，想到两人的政治前景，再次走回桌案，写他构思的第三首诗：

源流同是子卿孙，公自才多我寡闻。

谬见推称丈人行，应缘旧熟秘书君。

文章高绝诚难敌，声气相求久益勤。

其为诗歌能数眯，圣朝终要颂华勋。

“子卿”是苏武的字，一二句是说苏轼、苏颂都是苏武的后代，苏颂谦虚地说苏轼博学多才，而自己孤陋寡闻。

三四句是说苏东坡谬奖，称苏颂为长辈，而两人旧有的情谊是在秘书监共事。

五六句是说苏轼高绝，天下无敌；两人声气相求，愈久愈勤。

七八句是说不要被诗歌的梦魇所迷惑，朝廷总是喜欢歌功颂德的。

苏颂所遭受的冤屈和他经受的铁窗滋味，终于点起了心中的愤懑之火，他开始对朝廷有不满的情绪，他又提笔写了第四首诗：

“近年出处略相同，十载擅回我与会。

伉婺邻封迁谪后，湖濠继踵絷维中。

诗人嗫嗫常多难，儒者凄凄久讳穷。

他日得当江海去，相期来访蒜山东。”

一二句是说从熙宁二年（1069）王安石变法，到目前的元丰二年（1079）的整整十年中，两人的政治遭遇基本相同，都处于仕宦生涯的迂回时期。

三四句是说两人被贬后，任职的杭州与婺州疆界毗邻；在湖州和濠州任职又相继蒙冤入狱。

五六句是说苏轼因发表政见而多灾多难，苏颂自称儒者，也前途凄楚，久讳不言。

七八句是说苏颂自己想离官隐归，期望苏轼到丹徒的蒜山来访，两人开怀畅饮，一倾积愫。这是苏颂对现实的不满和曲折的抗议。

外面的风雨停了，乌云一团团地从天空飘过去。清白的月光，不时从云缝中射出来，给昏暗的黑夜一线光明与希望。

苏颂依然惦记着隔壁的苏轼，因为别有用心的李定，一意想把苏轼置之死地而后快。正在这时，隔壁又传来审讯的辱骂和拷打的吆喝声；不时还可听到苏轼痛苦的呻吟和凄惨的叫喊。

苏颂忍不住心中的愤怒，不停地来回踱步，他又在吟咏一首新诗，其中两句是：

却怜比户吴兴守，诟辱通宵不忍闻……

神宗一直关注着苏颂与苏轼的案件。他审阅苏颂的供词，发现前后矛盾，很难自圆其说，便心生疑窦。于是叫来吕公著核实，吕公著说侄女是哭求为李氏说情，但他深知苏颂之为人，不曾请托。

神宗见奏报不实，下诏让御史大夫亲审为何不实。经核对供词，方知是大理寺丞贾种民增减罗织所致。是非查明后，苏颂被释放出狱。

苏轼的案件也引起了轩然大波，李定上书指控苏轼“初无学术，滥得时然……怨未显用，肆意纵言，讥讽朝政，悉以为非。古之议会，犹有死而无赦。”李定制造的乌台诗案，株连了范镇、张方平、司马光等22人。救助者纷纷上书，朝野骚动。神宗不得不再次亲自过问。他在苏轼的案卷上批示：“苏轼作诗咏松，关朕甚事！”苏轼才得以释放。

一位是科坛巨子，一位是文坛巨匠，这样两个伟大的人物，竟同时被诬入狱，实在是值得深思的历史事件。

诬告是恶邪攻击正直的伎俩。苏颂的两次被诬入狱，使他更加谨小慎微，这对他的科学研究有直接影响。生活于虞喜之后700多年的苏颂，曾精研历代天文文献，他与韩公廉不能不知岁差。但是，在《新仪象法要》一书中，却避而不谈。这与他的政治经历是不无关系的。

研制水运仪象台

1085年（元丰八年）宋神宗赵顼病逝，哲宗赵煦继承大统。哲宗年幼，由其祖母太皇太后高氏执政。

每位皇帝初登大位，都要举行敬天祭祖的大典。仁宗听说自1075年（熙宁八年）7月15日，月食不验以来，天象与历法常常不合。1075年（熙宁八年）颁布了沈括与卫朴的《奉元历》，原以为会候天有准，交食相合。谁知月食不验的事又再次发生。有司欲处罚卫朴，沈括为他辩解，认为不是卫朴推算失误，而是测天之器不准，所测数据就不准，再精确的运算，也推不准日月之食。太皇太后与哲宗认为有道理，决心研制测天之器，整顿太史局与翰林院的天文机构。

1086年（元祐元年）11月，苏颂拜接诏书，担起了研制浑天仪的重任。

苏颂受命之后，视察了太史局与翰朴院的两个天文仪，他看到沈括在熙宁年间研制的仪器，环器已经磨薄，垫起仪器的水趺也已低斜，运转都很困难，何谈测验准确呢！

天文台的工作人员，敷衍塞责，不求进取者有之，尸位素餐，滥竽充数者有之，少数守职敬业的人，也感到积弊难返，无从下手。苏颂认为仪器的研制，关键是人才。所以，他决定从组织一支新的科研队伍入手。

旧历十二月的开封，寒风凛冽，大雪纷飞，各家都支起了炭火炉子。

67岁的苏颂却没有坐享天伦之乐，他大步向吏部的官衙走去。

他听说吏部守当官韩公廉是一个数学天才，深谙《九章算术》，常以勾股之术，推考天度。苏颂很想与他讨论周髀之术及如何以勾股重差推晷影极游，达到测天的目的。

苏颂刚刚由吏部侍郎擢升刑部尚书。吏部官员见他进来，全体肃立，拱手相迎。苏颂连忙示意大家坐下，然后问道："哪位是守当官韩公廉大人？"

韩公廉跨前一步说："尚书大人，小人便是。"

苏颂请他到吏部会客的房间，然后说："老夫特来向您请问测天之术，请不吝赐教。"

韩公廉十分惊喜地说："晚生虽然酷爱《周髀算经》和《九章算术》，也研读过赵爽的勾股图说和祖冲之的缀术。但是，对如何测天却从未涉猎。"

苏颂进一步请教："韩大人读的是哪些算书？"

"我初读刘微注《九章算术》，而后学《孙子算经》，《夏侯阳算经》，《张邱建算经》，最后研读王孝通《缉古算经》和李淳风注释的《十部算经》。所学乃毛皮之术，浅尝辄止，不及老尚书之万一。"韩公廉谈起己之所爱，话语滔滔不绝。

苏颂见韩公廉如此谨慎，就更加高兴，"韩大人是否读过天文的经典。"

韩公廉立刻回答："读过了张衡的《灵宪》与《浑天仪图注》，也学习过李淳风的《麟德历》和《法象志》，还研究过僧一行的《覆矩测量图》和《大衍历》。也去看过沈括大人的熙宁浑仪和张思训的浑象。

只是从未参加过实际测量。”

苏颂最后说明了来意：“圣上命老朽提举太史局与韩林院所属司天两监，重制深天仪象。老朽想请韩公与我共赴大任，掌仪像设计和数据之运算。”

韩公廉受宠若惊计说：“如能学有所用，晚生愿效犬马之劳。”

苏颂一听，朗声大笑。两人走出吏部衙门时，已是三更过后，一片漆黑了。两人踏着积雪，冒着寒风，却谁也没感觉到丝毫的冷意。

韩公廉向苏颂推荐郑州原武县主簿，充寿州州学教授王允之。王允之曾参加过熙宁浑仪的制造，有实际工作经验。

苏颂派人骑马去寿州，请王允之立刻进京。他与王允之从辰时谈到正午，然后共进午餐，一直谈到戌时三刻，才让王允之回客馆安歇。

苏颂首先问王允之，熙宁浑仪为什么撤掉了白道环？王允之说明了白道环遮当观测视线，与浑仪简化的意义。苏颂又问沈括对漏壶的改进，王允之说明了直颈玉嘴比曲筒铜管的先进之处。苏颂还问及圭表的用法，王允之也阐述了沈括的改进。

苏颂听后，感到王允之所言，与沈括所言《浑仪议》、《浮漏仪》、《景表议》三篇文章完全相同，知他确有真才实学。当场决定，调王允之来京，负责浑仪的监造工作，并兼管收支官物。

苏颂深入太史局与翰林院，与天文工作人员 一一谈话，了解情况。他将原设于太史局和翰林院下属的天文机构加以改组，裁汰了一批尸位素餐的冗员，进行了新的优化组合，成立了元祐浑天仪象所。办公地点设在印经院，拨专款做研制费用。

苏颂对那些兢兢业业，任劳任怨的官吏给以重用，选出夏官正周日严办官正于太古，冬官正张仲宣等，与韩公廉同充制度官，分兵把口，负责浑仪研制与天文观测工作。

苏颂不仅对那些具有敬业精神和实践经验的人加以任用，而且对那些有志于测天工作的青年人也加以培养。他选出局生袁惟几、苗景、张端，节级刘仲景、学生侯永和、于汤臣等，观测晷影，记载刻漏，核准文簿等。

最后，苏颂又调来在都察院工作多年，有监造军械经验和行政领导能力的尹清，部辖指画，统管全部组织工作。

1087年（元祐二年）8月16日，经过10个月的调查研究、周密准备，苏颂叩请太皇太后和哲宗皇帝批准，宣布正式成立元祐浑天仪象所。

第二天，苏颂召集各部门的主要负责人韩公廉、王允之、周日严等，讨论新仪象的研制工作。

韩公廉首先发言："近日重读张衡的著作，知其浑天仪置密室之中，以漏壶之水转之，使掌管仪器的人闭户唱之，以告灵台之观者，仪器运转，其星开始出现，某星已达中天，某星已经隐没。仪器所演，皆如天象符合。耳知张衡的浑天仪是两套：灵台之观天者，兼浑仪、侯仪之法；置密室之中者，乃浑象也。以漏壶之水运转，乃张衡仪器之独特贡献。应该继承。"

王允之接着说："唐一行的开元铜浑仪，造圆天之象，二十八宿与周天度数刻其上，注水运轮、令其自转，一日一夜，天转一周。置一木柜，以为地平，半在地上，半在地下，立二木偶人于柜前，又置钟鼓，使木人按辰刻自然、撞击，名曰：水运浑天俯视图。木人撞钟击鼓，其首创也。"

秩官正于太左建议说："王蕃及《隋书·天文志》

所载浑象，列紫宫于北顶，布中外宫星，二十八宿、周一矿藏数，黄赤道、天河于其上，皆可继承也。”

连续讨论研究了三天，苏颂让袁惟几、苗景将记录交韩公廉整理后，送他审阅。

第四天，苏颂率领元祐浑天仪象所全体人员，参观沈括在熙宁年间所造的天文仪器和张恩训在宋太宗时所造太平浑仪。

沈括所制熙宁仪器，仍在司天台使用，苏颂让大家看浑仪的运转。由于日久磨损，环壁已厚薄不一，运行时轨道已有微差，测星时自然不准。韩公廉也指给大家看，由于支撑仪器的水趺下沉，仪体已经倾斜，当然观天时定有误差。

张思训的太平浑仪存放于文德殿东鼓楼下，环器锈烂，机绳断坏，已不能用。但其构造机件还完好无缺。其木楼数层，高一丈余，内有轮轴关柱，激水以运轮。又有木人摇铃，扣钟，击鼓，每一昼夜周而复始。十二人各值一时，时至则执牌出报。又有日月星象，皆取仰观。苏颂命人扫去尘土，露出锈迹斑斑的机体，拆开楼板，大家仔细观察机轴的齿轮、水斗和环器，有的量尺寸，有的测厚薄，有的画图纸……

天文仪器研制工作的第一步是按苏颂与韩公廉研究的大纲，由韩公廉写一份用勾股重差之术，运仪测量的报告。韩公廉用半个月的时间就写完了。命名为《九章勾股测验浑天书》。

第二步由韩公廉与王允之领导制作一个浑天仪象的小木样机体，并进行实际演示。

1088年（元祐三年）5月，历时10个月，小样浑天仪象制成。

苏颂请韩公廉给浑天仪象所全体人员演示，其观测星辰，较熙宁浑仪更准确，其演示天象，比太平浑象更生动形象。

苏颂看完演示，给太皇太后和哲宗写奏书，报告研制工作的进展和小木样的精巧。哲宗批示："赴都堂呈验，如候天有准，造大木样机轮。"

到十二日，又历时7个月，大木样造成。这是一座与实际水运仪象台尺寸完全一样的仪器，所不同者，一个机轮用木制，一个机轮用铜铸。

为了向太皇太后和皇帝与重臣们说明仪器的构造和演示仪器的功用，苏颂请求哲宗派一内臣，参与仪器的观测与演示，以便内臣进呈之日指画宣问。哲宗派内侍省供奏官黄卿从参与观测与演示。

闰12月2日，哲宗有旨，命将大木样置于集英殿演示。请宰臣与嫔妃、内侍陪他观看。辰时三刻，元祐浑天仪象所全体人员与众臣们已到齐 ，哲宗、太后与嫔妃们也出来了。

集英殿张灯结彩，披红挂绿。大木样矗立于殿门之前。这是一座高12米，宽7米，像三层楼房一样的巨型天文仪器。上层是观测天体的浑仪，中层是演示天象的浑象，下层是使学仪、浑象随天体运动而报时的机械装置。它兼有观测天体运行，演示天象变化，随天象推移而有木人自动敲钟，击鼓，摇铃，准确报时的三种功用。

内臣侍供奉黄卿从站出来问：“仪象台顶部的屋板为何可以启动？”

韩公廉回答：“晴朗时拆开观测，雨雪时关闭，使仪器不受侵蚀。此张衡、一行、张思训都不曾用过，乃此次首创。”

黄卿从又说：“请演示观星，测三辰之行度。”

韩公廉向太皇太后和皇帝及众人讲解说：“水运仪象台之浑仪有六合仪、三辰仪、四游仪、天经双环、阴纬单环、天常单环、三辰仪双环、赤道单环、黄道双环、四象单环、天运单环、四游仪双环、望筒、直距、龙柱、熬云、水跌十七个部件。”并一一指给大家看。

他又拉动黄道双环说：“以前浑仪只设黄道单环，只能日见半体，现改为双环，望筒可于双环中间，沿环面转动，可见整个太阳，太阳在双环间作周天运动。这也是此仪之独出新意。”

苏颂让韩公廉拉动望筒，使四游仪与三辰仪同步运转，向哲宗解释说：“如以水转，可以使望筒同步地跟踪天体。此乃老臣最得意之草创也。”

哲宗走上观测台，从望筒看太阳，韩公廉罩上了黑色玻璃，哲宗连连称赞说：“看到了，看到了，很好，很好！”

哲宗走回原位，黄卿从又说：“演示星象，讲解星图。”

韩公廉先进浑象紫微垣星图：“北斗七星，皆在紫微垣，北极星乃北辰之最尊者，天星之枢也。居其所而众星拱之，其右有少丞，少卫……右枢，列成右桓，其左有上丞、上卫……左枢，列为左垣。五帝、天柱、御女各星座，皆群两坦间……”

韩公廉又让侯永和，于汤臣将绘好的《浑象东北方中外官星图》、《浑象西南方中外官星图》、《浑象南极星图》等发给太皇太后和皇帝及各位重臣、嫔妃传视。因为多数人看不懂星图，没有兴趣，就匆匆而过了。

黄卿从又高喊："演示报时"。

韩公谦让苗景与张端扳动浑车（带动枢轮的轮把名），枢轮带动全台的各种齿轮，开始运转起来。大家屏住呼吸，目不转睛地看着各层木阁。

辰时时初，木阁左门内转出一红衣木人，手摇铜铃；一刻钟时，中门内转出一绿衣木人连续击鼓；时正（右时一个时辰为现代两个小时，一个时辰开始为时初，过一个小时为时正）在门内转出一紫衣木人扣钟三次。在第一层木阁左门内红衣木人摇铃时，第二层木阁中门转出一红衣木人，手举木牌上写"辰时时初"；第一层木阁右门内转出紫衣木人扣钟时，第二层木阁中门，也出一紫衣木人，手举木牌上写"辰时时正"；第一刻钟，当第一层木阁中门内绿衣木人转出击鼓时，第三 层木阁中门内同时转出绿衣木人，手举木牌上写辰时一刻，辰时二刻，辰时三刻等。

太皇太后与哲宗看得十分高兴，宰辅们看得笑逐颜开，嫔妃们更是神采飞扬，不断地响起鼓掌声和喝彩声。

黄卿从为了让大家平静下来，又高声大喊：“表演夜晚报更”。

夜间报更，用四五层木阁。日入，五更；日出等皆有木人出报更时。

韩公谦让侯永和与于汤臣摇动浑车，换下满头大汗的苗景与张端。枢轮再次转动起来，第四、五层木阁皆正中开一门。

日入，第四层中门转出一红衣木人敲击金钲，第五层木阁同时转出一红衣木人举牌报更，上写“日入”；夜有五更，每更又有五筹，每更每筹皆有人分别转出四、五层木阁的中门，击钲和举牌报更，时至即出，毫无差错。

已近午时三刻了，人们还没有看够。苏颂怕哲宗和太皇太后过累，就告诉黄卿从，宣布演示结束了。

哲宗连连夸奖苏颂与韩公廉的精妙的制造，宣布对元祐浑天仪象所的全体工作人员给以不同的奖励。大家兴致勃勃地散去了。

皇帝的称赞和群臣的夸奖，并没有使苏颂头脑发热，他深知科学要求老老实实的态度。来不得半点虚假和骄傲，必须慎之又慎。他又请老成持重有多年天文工作经验的翰林学士许将与同乡吏部尚书林希领导夏官正周日严和苗景等，再一次验核水运仪象台的大木样测天是否准确。

1089年（元祐四年）3月8日，又经过8个月的反复验核，许将才上奏太皇太后和哲宗："元祐浑天仪象所研制之仪象，侯星有准，皆与天合，请以铜造。"

苏颂领导全体工作人员，又经过三年苦战，终于制成了铜造的水运仪象台。仅仅用铜就达二万千克之多，没有皇帝的支持，没有大笔的资金投入，这样巨大的科研项目是难以成功的。

1092年（元祐七年）6月16日，印经院内的元祐浑天仪象所，洋溢着节日的欢乐气氛。人们准备了锣鼓、彩倜和鞭炮，都换上了朝服和新衣，准备向皇帝报喜。但是，却传来使人胆战心寒的消息。

有人上书太皇太后和皇帝，参劾苏颂，并指责水运仪象台有严重的政治问题。皇帝有些疑惑，将奏书留中，没有立即批示。

苏颂命人再去打听，自己仔细阅读给皇帝的奏书——《进仪象状》，看有无不慎的诗句，可能让政敌抓住攻击的把柄。他想起孙纯、陈世儒两次冤狱，确实很担心，政治斗争实在太险恶了。

两案他都出于忠君尽职的善意，依法而断，秉公惩罚。但竟被抓进监狱，多方威逼引诱，想屈打成招。幸亏神宗知他耿介忠直，仁厚爱民，才得免受牢狱之灾。此次，他已设法避开了一些可能被攻击的敏感问题。如自虞喜以来，就被天文学家承认的岁差，他竟避而不计。因为岁差证明了天道的变化，而“天变”乃皇家之大忌。

苏颂正沉浸在回忆之中，他的妻弟辛化光派人送来一信，说已经打听明白，诬告的人是前太史局直长赵齐良。其奏书说：“我朝顺天承运，以火德王。而苏颂之新仪，以水运名之，绝非吉兆。苏颂抗旨先帝，震动朝野，风闻天下，被撤职处罚，怨恨难免。其险恶用心，不可不防。”

苏颂读信后，十分奇怪。把信交给韩公廉说：“我并不认识这个赵齐良，他为什么要诬告我呢？”

韩公廉读完信后说：“尚书大人差矣，您整顿机构，撤销了太史局下的司天监，裁汰冗员，又打了人家的饭碗。他的怨恨之心和我的感激之情都是自然而来的，赶快向皇帝做些解释吧！”

苏颂最初有些担心，很快就平静了。他想起了与哲宗相处的日子，哲宗对自己是了解的。

哲宗读过赵齐良的奏书，并不信苏颂有什么不良的用心。因为从幼年时代起，苏颂就是他的侍读，常选汉唐皇帝的爱国爱民之故事，呈送御览，循循善诱。有业重臣，见太后执掌实权，军国大事，常只奏太后，不问哲宗。而苏颂却每事先奏太后，再奏哲宗。拳拳之忠，天人共鉴。但是，“水运”之名却实犯忌，一时难于做出决断。

哲宗正在犹豫不决时，内侍又转来了苏颂的奏书。哲宗展阅，原来是苏颂的《进仪象状》，为了补救他以水运命名引起的大忌，他在写好的《进仪象状》的最后，加了一段，请哲宗给新的仪象台命名。

这段话是“今新制备二器而通三用，当总谓之浑天，薛俟圣鉴，以正其名也。”哲宗阅后，十分高兴，略加思索，御批曰：赐名“元祐浑天仪象”“水运”之名的难题，终于雪化冰消了。

哲宗命元祐浑天仪象置于宫城西南的合台，西方属金，南方属火，也有以金水而护火之意。

6月17日举行了盛大的庆典，哲宗、太皇太后率众嫔妃亲临合台，命三公、宰相和门下、中书、尚书三省令丕及枢密使等重臣，皆参加庆典。仪仗队、鼓乐队、舞蹈队、齐集体台之下。

哲宗请太皇太后宣布对新仪象的赐名，太皇太后话音刚落，立即鞭炮震天，鼓乐齐鸣。排成方阵的宫女，载歌载舞，合台之下是一片欢乐的海洋。

上次哲宗与太皇太后已看过了测量、报时等实际演示，这次很想看看报时装置是怎样运转的。苏颂命刘仲景、尹清领人拆掉遮挡枢轮的楼板。一丈一尺直径的巨大枢轮，由72根辐条和36个水斗、格叉、天衡、天关、左右天锁的杠杆控制。漏壶的水一滴一滴地流入水斗，当流满水斗时，枢权失去了平衡，格叉下倾，枢权上扬，轮边的铁拨子拨开关舌，拉动天衡，天关上启，枢轮下转，由于左右天锁的擒纵抵拒作用，使枢轮只能转过一辐。漏壶的水滴入下一个水斗，满则再动，从此循环往复，准确报时。

哲宗与太皇太后看后，啧啧称妙，重臣们纷纷赋诗以记盛典。苏颂紧紧抓住韩公廉的手，站在台前的阳光下，幸福地笑了。他们笑得那样快乐，那样甘甜，只有经过艰苦地攀登达到科学顶峰的人，才能理解那种笑的幸福和快乐。

任相与病逝

水运仪象台研制成功之后，哲宗认为苏颂确是一个稳健的干才。派他去杭州救灾很快改变了杭州的面貌；派他出使辽国，也圆满地完成了任务；让他写《华戎鲁卫信录》，250卷的巨著，两年内如期完成；像研制天文仪象台这样的艰巨任务，他也完成得十分出色。

哲宗决心进一步重用苏颂，1090年（元祐五年）2月，71岁的苏颂被任命为右光禄大夫、守尚书左丞。尽管苏颂以年老辞谢，哲宗还是坚决命他就职，并称赞他：“白首在列，丹甚明。进辖中台，断自喜意。勉服休命，勿为固辞。”

1092年（元祐七年）6月，73岁的苏颂又被任命为左光禄大夫守尚书右仆射兼中书侍郎，加上柱国，进封开国公，加食邑七百户，食实封三百户。

其任命诏书曰：“眷俊老之精忠，合外庭之公议。延登相位，敷告治朝。苏颂粹资中和，休誉英特。学富经邦之道，文高华国之章……雍容雅正，多授古以开陈；练达精明，亦宜今而裁制。”

苏颂终于登上了相位，执掌了全国行政大权。

宋代中期的政治舞台，波涛迭起。神宗、高太后、哲宗每次任相，常常引起一批人的起用和裁减。苏颂积一生之政治经验，认为党派之争，对政局有百害无一利。他任相后，不举亲旧，不引党援，全力致力于政局的稳定，朝臣的团结。

《宋史》说他“器局宏远，以礼法自持。”朱熹评价说：“赵郡苏公，道德博闻，号称贤相，立朝一节，始终不亏。”

但是，党派之争的明枪暗箭并没有放过苏颂。蜀派的杨畏、来之邵，身任谏官，掌握言路，很想赶走苏颂，使蜀籍的苏辙任相。他们以贾易知苏州一事掀起了波浪。

杨畏，人称“杨三变”，走以随风转舵，见机行事为务。刘挚为相，则攻击刘挚，以为赶走刘挚，哲宗必任苏辙为相。谁知哲宗任命苏颂为相，任命苏颂后，又联合来之邵而攻击苏颂，必欲赶苏颂而任苏辙为相。

哲宗举行郊祭大典，普天同庆，大赦全国。关于前御史贾易的任职问题发生了争论，吏部议定贾易知苏州，苏颂认为贾易原任御史，刚直敢言，不避权贵。已为监司之官，现又大赦，反而下迁，有违圣意，指示重议。由于争执不决，拖延了时间。杨畏、来之邵就联名弹劾苏颂，稽留诏命，有失职之过。

尚书左丞梁焘为苏颂辩解说："颂公为相，任人唯贤，可谓称职。驳议贾易知苏州，乃本职工作，无可非议。"

杨畏与来之邵又弹劾说："苏颂儿子苏嘉为太学博士，其同舍诸生多有升擢，其情可疑。"

梁焘再次上书辩解："苏嘉同舍诸君之升擢，皆有司之举荐，并非颂公一人所为。至如父子间所言，外人岂知？臆疲猜疑，捕风捉影，此风可煞不可助也。"

苏颂听说有人弹劾自己，就立即再次以老病辞职，并且坚决不再入朝理事。朋友们纷纷赴宰相府劝他上朝议事，吕大防、苏辙也劝苏颂，向哲宗当面把这两件事说清楚，再退职不迟。而苏颂认为宰相是皇帝之下的群臣之首，百吏之尊，必须得到全体官吏的拥戴。一旦有人反对，就应自动隐退。所以，尽管皇帝催促，同僚劝解，他依然不恋相权，不贪官位，坚决请求退休。

苏颂连上三次奏章，恳切陈辞：“臣闻四十强仕，七十政事（退休），礼经之善言也。壮即驰驱，老宜休息，前哲之遗范也。……伏皇帝陛下天恢全度，川纳微诚，闵臣之壮不如人，未尝营于私计。在礼则老有加惠，莫若处于安闲。惟曲轸于渊衷，俾遂谐于宿愿。听还印绶，退就里闾。”

哲宗读罢苏颂的奏章，置于案头，在殿中往来踱步，对身边的内侍说：“苏国公淡泊于权利，清贫以养志，实在忠贞可嘉。多少双眼睛盯着相位，多少人挖空心思，想方设法谋取相位。而他却一定要交还印绶。朕偏不批准，让他再干几年，为朕分忧。”

两天过去了，皇帝不仅没有批准苏颂退休，反而下诏书表彰他忠勤可嘉，信誉卓著；要求他体领上意，统率群臣。

苏颂拜接诏书之后，又上奏章，坚请退休。他满怀真情地写道：“臣闻物壮则老，盖天理之固然；器满则倾，在人情之攸戒。况齿发衰谢，爵位隆高……如木将腐朽，难荷栋梁之材；似衡又锱铢，莫胜钧石之重。不能者止，自知甚明。臣请听解政机，许归里第。”

哲宗读了苏颂再次恳请交出相权的奏章，十分感动。对左相吕大防说：“别人攻击他，他不加辩解；别人要夺他的相权，他又自愿交出来。那些对名利孜孜以求的人，那些对官位投机钻营的人，都应该读读苏公的奏章。他们一定会脸红心跳，无地自容！”

吕大防无限感慨地说：“苏丞相淡泊名利，律己甚严。日前老朽提议，按朝廷惯例，其子苏嘉已于京局任职多年，可授宰相之子的成例，升任三馆之职。苏公却说：‘馆乃朝廷育才之地，岂可依例得之。”

哲宗对吕大防说：“吕丞相代朕再去苏府，劝苏国公上朝，勿负朕之爱意。”

吕大防又请了副相苏辙，共赴西冈苏颂家宅，再次劝苏颂上朝，面奏哲宗，以全进退之礼。苏颂深知上朝面见哲宗，决不会批准他退休。只有不入朝理事，哲宗才可能批准他退归田园的请求。

由于苏颂连上三次奏章，恳切陈辞，并称病于家，不再理事。皇帝无奈，只好允许他辞去相职。为加恩宠，特任观文殿大学士，充集禧观使，留居京师。

苏颂离开相位，又要求辞去一切职务，彻底退休，并离开京师，回润州（今镇江），为父亲守墓。他想一边尽孝道，一边教子孙，完成《魏公谭训》一书。他将自己一生经历和对朝政、任官、金钱等的看法，写入书中，教育子孙，传留后世。

1096年（绍圣三年），77岁的苏颂，终于得到皇帝的批准，以中太一宫使居润州，退休回家了。

苏颂虽然退居润州，皇帝并没有忘记这位一生辛劳忠诚的老臣。1097年（绍圣四年），以观文殿大学士，加授太子少师。

1106年（元符三年）正月，哲宗病逝。病逝前皇太后向氏与哲宗立神宗第11子端王赵佶为帝，即徽宗。81岁的苏颂依然身心健朗，精神矍铄。他还亲笔写了《慰哲宗皇帝上仙表》，因不能为皇帝亲自送葬，而老泪横流，哀痨不已。

徽宗继位之后，也对苏颂恩宠有加，封苏颂为太子太保。赐爵赵郡公，增邑四百户，金腰带一条，银器二百两，绢二百匹。

1101年（靖国元年），82岁的苏颂感到身体不适，亲写遗嘱。他的遗嘱是向皇帝告别，并没有言及家人与私事。

他要告别这个世界了，仍不忘皇帝与民众："伏望皇帝陛下，法尧舜之修已，过中高之历年。进有德以尊朝廷，示敦樸以先天下。延说直则下情无壅，省营缮则民力不劳……”可见这位爱民如子之老臣的拳拳之心。

写完遗嘱，已近黄昏，苏颂将诸子叫到面前，刚欲训话，仆人送来一信，原来是苏轼派人送来的急信。信中说他已从岭南北返，估计6月上旬可以到达润州。信末引述了苏颂在狱中写给他的第四首最末的两句：

“他日得归江海去，相期来访蒜山东。”

现在，苏轼正是辞官北上，来会见他一别多年的同宗叔父，畅叙别情。

苏颂将苏轼的信交给子孙传阅，向儿孙们讲述了他与苏轼父子的交往与情谊。

自1060年（嘉祐五年）二月，苏颂与苏洵父子叙宗盟，认为本家以后，一直来往密切。

1065年（平治三年）4月25日，苏洵病逝于京师。苏颂正任三司度支判官，他亲自送葬致哀，并写了两首挽诗：

尝论平陵京，吾宗代有人。

源流知所自，道义更相亲。

痛惜才高世，赍咨涕满巾。

又知余庆远，二子志经纶。

观国五千里，成书一百篇。

人方期远道，天不与遐年。

事业逢知己，文章有象贤。

未终三圣传，遗退掩重泉。

“平陵系”是指苏建随卫青击匈奴有功，封平陵侯，居长安而葬武功，这一系苏姓家族人才辈出。“又知余庆远”是说未来更有远大前程，因为有苏轼、苏辙继承其遗志。

“成书一百篇”是说苏洵与姚辟完成的《太常因革礼》一百卷。“未终三圣传”是指苏洵研究的伏羲，文王、孔子所传《易经》，没有完成。

苏颂对苏洵十分敬佩，涕泪满巾，痛惜这稀世之才，撒手人寰。1084年（元丰七年）3月，苏颂在杭州得病，苏轼就写信向他推荐蕲水名医庞安时，并祝贺他政治上的转机。6月，苏颂母亲陈老夫人病逝，移葬京口。9月，苏轼特地赶赴京口，吊陈老夫人之丧，并作《苏子容母陈夫人挽词》：

苏陈甥舅真冰玉，正始风流起颓俗。

夫人高节称其家，凛凛寒松映修竹。

鸡鸣为善日日新，八十三年如一晨。

岂惟家室宜寿母，实与朝廷生异人。

忘躯殉国乃吾子，三仕何曾知愠（运，含怒）喜。

不须拥笏（户，大臣所执手板）强垂鱼，我视去来皆梦尔。

诵诗相挽真区区，墓碑千字多遗余。

他年太史取家位，知有班昭续《汉书》。

苏轼对苏颂的冰玉之德，对苏颂母亲的松竹之节，更是钦佩之极，竟认为苏母可以继班昭之史才。

苏颂命长孙苏象先，写信告诉苏轼，他的身体不佳，并想法迎接苏轼尽快来润州，一倾积愫。

苏轼5月到达金陵，6月12日从仪真渡江来润州，但他病体难支，已经不能亲自为苏颂送葬。13日派幼子苏过代表他来哭丧，亲笔写了《荐苏子容功德疏》，以志哀悼：“伏以自昔先君以来，尝讲宗盟之好。俯仰之间，四十余年。在熙宁初，陪公文德殿下，已为‘三舍人’之冠；及元祐际，缀公迩英阁前，又为王学士之首。虽凌后高躅（浊，足迹），不敢言同，而出处大概，无甚相愧。敢缘薄物，以荐一哀。”苏轼亲自出钱，为苏颂请和尚念经。

苏颂没有等到他的宗侄和挚友苏轼的到来，于旧历夏至后一天（五月十二日），仙逝而去。但他留给这个世界和后代子孙的精神财富，却永垂青史，泽及百代。

讲不完的故事

我们讲述了苏颂82岁的生命里程，但是，有关苏颂的故事并没有讲完。

在北京的中国历史博物馆，在英国的南肯辛顿科学博物馆，在福建省同安县的苏颂科技馆，都复制了苏颂的水运仪象台。一批又一批的观众，一队又一队的青少年，正在观看精妙的水运仪象台复制模型。特别是福建省同安县的水运仪象台是可以运转的，国内外的观众无不为之倾倒与叹服。

在英国剑桥大学，由李约瑟与马伯乐先后两次将苏颂的天文专著《新仪象法要》译成英文，刊印于欧洲。

在英国剑桥大学的李约瑟研究所，在日本的京都大学人文科学研究所，在韩国的汉城大学，科技史专家们正在研读《新仪象法要》，让这份珍贵的遗产更加发扬光大。

在国内，1991年吉林文史出版社出版了管成学与杨荣垓的《苏颂与〈新仪象法要〉研究》，对《新仪象法要》的科学成果进行了逐项阐述，对《新仪象法要》原文进行了逐字句的注解。

苏颂《本草图经》的大部分药图收入李时珍的《本草纲目》，被译成英文、日文、俄文等向全世界传播，有些秘方仍在救死扶伤，造福于人类。1983年由尚志钧先生辑校，皖南医学院印制了辑复本《本草图经》；1988年又由福建科学技术出版社出版了胡乃长、王致谱校注、蔡景峰审定的《本草图经》；1991年长春出版社出版了管成学、邓明鲁主编的《苏颂与〈本草图经〉研究》，1994年吉林科学技术出版社出版了高光震主编的《苏氏（颂）秘方集成》，苏颂学术研究正方兴未艾，如火如荼。

苏颂学术研究丛书正通过港台，东南亚各国，美国和加拿大的各苏姓宗亲会传向全世界，让全世界都分享这属于整个人类的科学遗产。

苏颂的后代子孙，由于地处福建沿海，自宋代以后，开始大量迁往东南亚各国，乃至美国、日本、加拿大也有其子孙组成的苏姓宗亲会组织。

苏氏子孙最早迁入台湾省，并有文献可查者，可以上溯到北宋宣和六年（1124年）。

宣和进士苏钦为其家谱《德亲使星坊南市苏氏族谱》所写的序言说：

“苏氏家族分于仙游南门、兴化涵头、泉州、晋江、同安、南安塔口、永春、龙溪、台湾省，散居各处。”上述引文既说明了苏颂是同安苏氏的同宗，又说明北宋宣和年间苏姓已移居台湾省。

苏绅、苏颂直系脉衍的子孙，较早迁入台湾省者，还有清乾隆年间的苏秀璋、苏寅迁入今台北市，苏秀星迁入今台北县三峡（旧名三角涌）；嘉庆年间，苏秀颜亦迁入今台北县三峡，苏炳选入垦今台北县新庄。

今据《永定武功苏氏族谱考证》，苏颂四子苏诒之裔孙——苏经，由福建汀州府永定县于乾隆年间入垦台湾省。苏昌龙入垦台后里，苏焕章、苏周琮入垦今苗栗头份，苏承益、苏怀德入垦今新竹宝山，苏禄进、苏乾德入垦今新竹县香山；嘉庆年间，有苏进魁入垦今新竹芎林，苏湖宗入垦今桃园芦竹，苏新长入垦今苗栗铜锣；道光年间，苏拔益入垦今苗栗公馆，苏成昭入垦今新竹关西，苏开全入垦今新竹树杞林。

上述入垦新竹之苏姓，因为来自永定苦竹，所以在新竹建立了纪念祖先的武功堂。其武功堂正门的楹联，以“武荔”二字冠顶：武著千秋源“苦竹”，功传万世念“芦山”。说明他们是武功派“芦山堂”子孙。

台湾省各地有许多苏姓子孙，据1978年6月30日台湾省统计资料，台湾省各县、市总姓量为1694姓，苏姓位列第33人，人口总计190516人，分布的县市以人数多少为序，是高雄县、台北县、台南县等。

台南市苏姓宗亲会旧址为台南市七股乡城内村，理事长是苏裕夫；嘉义县苏姓宗亲会设在嘉义市民族路693号，理事长是苏贤杰；基隆市苏姓宗亲会地址是基隆市义一路108号，理事长是苏朝镇；台中市苏姓宗亲会地址是台中市北屯路三光巷90弄17号，理事长是苏哲辉；台北县苏姓宗亲会会址是三重市厚德体育馆，理事长是苏木水；高雄市姓宗亲会会址是大同一路51号。

台湾省各地的苏姓宗亲会，近年来不断组团来福

建省同安县追宗认祖，拜谒“芦山堂”。同时作经济考察，投资祖国的经济建设，为祖国的经济发展贡献力量

苏颂子孙移居东南亚各国也都组成苏姓宗亲会，以便互相帮助，发展当地的经济，表示身在他乡，心念祖国，千秋万代不忘同姓宗族。

旅居缅甸的苏颂子孙，在仰光市建立“芦山堂”，又称正简公祠堂。宗亲会会址设在仰光16条街37号，建立于清朝同治年间（1862—1874）。

缅甸南部的毛淡棉市也设有“芦山堂”，二次世界大战时，毁于炮火，战后再将重建。其门楹对联以“芦山”两宗冠首：上联是“芦水南渡衍派分支溯源祖国”；下联是“山川北向钟灵蕴结发展他邦”。

1985年，仰光“芦山堂”重建，选出了苏佐雄、苏珍储、苏明钦、苏福来、苏扶助五人领导小组。苏佐雄是抗日战争时期的革命志士。

仰光市“芦山堂”重修落成之日，上海市文史馆馆员苏局仙，以105岁的高龄挥笔题联：“庙貌重新无替千秋俎豆；孙枝分衍莫忘祖国山河。”海内外苏姓子孙的心是紧紧相连的。

新加坡于1929年3月1日组织“芦山堂”公所。日寇

南侵，星岛沦陷，停止活动。光复后，再度成立苏氏公会，会址设于新加坡维拉三美路14号。每年农历11月23日苏颂安葬日举行集会，纪念先祖。

1969年出版苏姓公会成立40周年庆祝特刊，1989年又举行60周年纪念大会，发行特刊，邀请世界各地的苏姓宗亲会齐集新加坡，商讨成立世界苏姓宗亲会事宜。

香港苏姓宗亲会会址是香港九龙佐敦道18—24号鸿运大厦16楼G座，理事长是苏汝谦。

马来西亚彭亨州苏氏宗亲会地址是115—A，Kg.Baru Kenayong，28300 Thiang Panang Darul Markmur. Panang.Malaysia。

菲律宾苏姓宗亲会会址是1337，Narra Street. Tondo，Manila.PhilippineS（岷里拉市那拉街1337号）。理事长是苏世庆。

1993年10月23日菲律宾苏姓宗亲会举行55周年纪念大会和宗亲会办公大楼——武功大厦落成典礼。

美国苏姓宗亲会的地址是106WAVER PLACE SAM SRAMCLSCO，CALIF。94108 U.S.A。理事长是苏日成，秘书长苏锡芬。

1994年3月19日，港台和各国苏姓宗亲会的代表齐集菲律宾，召开第一届世界苏姓宗亲会总会成立大会。会议选举菲律宾的苏世庆为理事长，香港的苏汝谦、台北的苏荣华、泰国的苏岳章为副理事长，菲律宾的苏浪声为秘书长。

国内在厦门、长春、承德三地成立了苏颂学术研究会。由于中共长春市委、市政府的大力支持，长春苏颂学术研究会的学术活动开展得最活跃，成绩最大。

1985年，吉林大学管成学副教授应厦门市政协同安芦山堂之邀，赴厦门、同安讲学，作了《苏颂生平及科学成就》的报告，厦门日报、厦门电视台，厦门广播电台作了新闻报道。

1986年管成学受苏姓宗亲的委托，编撰了《中国宋代科学家苏颂》一书，由吉林文史出版社出版。

1987年由管成学、王同策、颜中其等主持校点了苏颂文集——《苏魏公文集》，1988年由中华书局出版。

1987—1988年，管成学与同安县办公室主任洪辉县往来于中国历史文献研究会和中国科学技术史研究会之间，促成了1988年第一届苏颂学术研讨会的召开。

1990年8月5日，长春苏颂学术研究会成立，选举颜中其为会长，管成学为常务副会长，王耀庭、尹殿海为副会长，田育诚为秘书长。

1991年第二届苏颂学术研讨会在长春宾馆召开。中共市委副书记邢志、副市长于福今等亲自主持会议并讲话。吉林省高教工委书记张国学，白求恩医科大学副校长钟国赣，长春中医学院院长邓明鲁等到会，来自台北、香港和菲律宾的苏姓宗亲参加了会议，人民日报、光明日报、科技日报等各大报刊对会议做了报导，长春电视台、长春广播电台、吉林日报等，对会议做了连续报道。美国旧金山的华文报纸转发了学术会的盛况。

第四届苏颂学术研讨会1993年8月在吉林省敦化市召开，第五届苏颂学术研讨会于1994年8月23日在长春市东北师范大学召开。这些学术会议都是由长春苏颂学术研究会筹划和主持的。

苏颂学术研究会还3次派学术代表团出国访问，收集有关苏颂的学术资料和宣讲苏颂的科技成就。

1993年8月2日，长春苏颂学术研究会派会长颜中其教授、常务副会长管成学教授出访日本。在日本京教区国际交叉广场的科学城，参加了第七届国际东亚科学史研讨会。然后到东京大学、日本国会图书馆，收集《苏氏族谱》的资料。在京都、大阪、奈良、东京与科学史工作者进行了广泛的交流，引回《苏氏族谱》三部。

1993年11月颜中其、管成学应美国苏姓宗亲会理事长苏日成的邀请出访美国。9月抵达旧金山。

11月10日晚，美国苏姓宗亲会在美丽的屋仑市东海大酒店举行盛宴欢迎苏颂学术研究会的代表。出席宴会的有84岁高龄的大亚进口企业公司董事长、美国苏姓宗亲会理事长苏日成，美国苏姓宗亲会第一副理事长、成勤食品公司董事长兼总经理苏文光，鹏飞实业投资公司董事长、中华总会馆商务董事苏鹏飞等，席间研究了学术访问的日程、《苏氏族谱》的资料收集和旅游等问题。

其后，我们又走访了西雅图市的华盛顿大学，芝加哥市的芝加哥大学，波士顿的哈佛大学，纽约的哥伦比亚大学，华盛顿市的国会图书馆，与芝加哥大学的王文意博士、哈佛大学的吴文津教授、哥伦比亚大学的安芳湄（汉名）博士、AMY、LADECK. HEINRICH图书馆馆长做了学术交流，从美国引回《苏氏族谱》四部。

1996年5月28日，长春苏颂学术研究会派出以副会长冯忠诚、管成学，常务理事刘永江为代表的一行16人，出访新加坡、马来西亚、泰国，与新加坡、泰国两个宗亲会举行谊祖会和学术交流。讨论了《苏姓古今名

世界五千年科技故事丛书

44. 果蝇身上的奥秘 ： 摩尔根的故事
45. 诺贝尔奖坛上的华裔科学家 ： 杨振宁与李政道的故事
46. 氢弹之父—贝采里乌斯
47. 生命，如夏花之绚烂 ： 奥斯特瓦尔德的故事
48. 铃声与狗的进食实验 ： 巴甫洛夫的故事
49. 镭的母亲 ： 居里夫人的故事
50. 科学史上的惨痛教训 ： 瓦维洛夫的故事
51. 门铃又响了 ： 无线电发明的故事
52. 现代中国科学事业的拓荒者 ： 卢嘉锡的故事
53. 天涯海角一点通 ： 电报和电话发明的故事
54. 独领风骚数十年 ： 李比希的故事
55. 东西方文化的产儿 ： 汤川秀树的故事
56. 大自然的改造者 ： 米秋林的故事
57. 东方魔稻 ： 袁隆平的故事
58. 中国近代气象学的奠基人 ： 竺可桢的故事
59. 在沙漠上结出的果实 ： 法布尔的故事
60. 宰相科学家 ： 徐光启的故事
61. 疫影擒魔 ： 科赫的故事
62. 遗传学之父 ： 孟德尔的故事
63. 一贫如洗的科学家 ： 拉马克的故事
64. 血液循环的发现者 ： 哈维的故事
65. 揭开传染病神秘面纱的人 ： 巴斯德的故事
66. 制服怒水泽千秋 ： 李冰的故事
67. 星云学说的主人 ： 康德和拉普拉斯的故事
68. 星辉月映探苍穹 ： 第谷和开普勒的故事
69. 实验科学的奠基人 ： 伽利略的故事
70. 世界发明之王 ： 爱迪生的故事
71. 生物学革命大师 ： 达尔文的故事
72. 禹迹茫茫 ： 中国历代治水的故事
73. 数学发展的世纪之桥 ： 希尔伯特的故事
74. 他架起代数与几何的桥梁 ： 笛卡尔的故事
75. 梦溪园中的科学老人 ： 沈括的故事
76. 窥天地之奥 ： 张衡的故事
77. 控制论之父 ： 诺伯特·维纳的故事
78. 开风气之先的科学大师 ： 莱布尼茨的故事
79. 近代科学的奠基人 ： 罗伯特·波义尔的故事
80. 走进化学的迷宫 ： 门捷列夫的故事
81. 学究天人 ： 郭守敬的故事
82. 攫雷电于九天 ： 富兰克林的故事
83. 华罗庚的故事
84. 独得六项世界第一的科学家 ： 苏颂的故事
85. 传播中国古代科学文明的使者 ： 李约瑟的故事
86. 阿波罗计划 ： 人类探索月球的故事
87. 一位身披袈裟的科学家 ： 僧一行的故事

世界五千年科技故事丛书

01. 科学精神光照千秋 ：古希腊科学家的故事
02. 中国领先世界的科技成就
03. 两刃利剑 ：原子能研究的故事
04. 蓝天、碧水、绿地 ：地球环保的故事
05. 遨游太空 ：人类探索太空的故事
06. 现代理论物理大师 ：尼尔斯·玻尔的故事
07. 中国数学史上最光辉的篇章 ：李冶、秦九韶、杨辉、朱世杰的故事
08. 中国近代民族化学工业的拓荒者 ：侯德榜的故事
09. 中国的狄德罗 ：宋应星的故事
10. 真理在烈火中闪光 ：布鲁诺的故事
11. 圆周率计算接力赛 ：祖冲之的故事
12. 宇宙的中心在哪里 ：托勒密与哥白尼的故事
13. 陨落的科学巨星 ：钱三强的故事
14. 魂系中华赤子心 ：钱学森的故事
15. 硝烟弥漫的诗情 ：诺贝尔的故事
16. 现代科学的最高奖赏 ：诺贝尔奖的故事
17. 席卷全球的世纪波 ：计算机研究发展的故事
18. 科学的迷雾 ：外星人与飞碟的故事
19. 中国桥魂 ：茅以升的故事
20. 中国铁路之父 ：詹天佑的故事
21. 智慧之光 ：中国古代四大发明的故事
22. 近代地学及奠基人 ：莱伊尔的故事
23. 中国近代地质学的奠基人 ：翁文灏和丁文江的故事
24. 地质之光 ：李四光的故事
25. 环球航行第一人 ：麦哲伦的故事
26. 洲际航行第一人 ：郑和的故事
27. 魂系祖国好河山 ：徐霞客的故事
28. 鼠疫斗士 ：伍连德的故事
29. 大胆革新的元代医学家 ：朱丹溪的故事
30. 博采众长自成一家 ：叶天士的故事
31. 中国博物学的无冕之王 ：李时珍的故事
32. 华夏神医 ：扁鹊的故事
33. 中华医圣 ：张仲景的故事
34. 圣手能医 ：华佗的故事
35. 原子弹之父 ：罗伯特·奥本海默
36. 奔向极地 ：南北极考察的故事
37. 分子构造的世界 ：高分子发现的故事
38. 点燃化学革命之火 ：氧气发现的故事
39. 窥视宇宙万物的奥秘 ：望远镜、显微镜的故事
40. 征程万里百折不挠 ：玄奘的故事
41. 彗星揭秘第一人 ：哈雷的故事
42. 海陆空的飞跃 ：火车、轮船、汽车、飞机发明的故事
43. 过渡时代的奇人 ：徐寿的故事

人传》一书的编撰和第六次苏颂学术研讨会在承德召开等问题。

苏颂学术研究活动的开展与苏颂学术著作的出版，还有一个令人鼓舞的经济成果。这是中共长春市委和市政府于第二届苏颂学术研讨会上提出的口号，叫“学术搭台，经贸唱戏”。每一届学术研讨会，都向海外苏姓宗亲会介绍长春市的经济情况和招商项目，取得了可喜的成果。

1992年10月8日吉林日报发表专论表扬苏颂学术研究会的工作。正题是“苏颂研究会为长春建设出力”，副题是“兴学术研究，收经济硕果”。专论说：“最近，长春市长江路西段改造工程引起人们注目，这个项目就是推进苏颂学术研究带来的效益。”“香港信中公司苏汝谦董事长与东建公司的第一期房地产投资就达两亿五千万人民币……长春苏颂学术研究会常务副会长管成学教授被香港广兴公司聘为顾问，广兴公司对吉林省和长春市的投资也已经展开。吉兴彩色印刷有限公司，第一期投资五百五十万美元，厂房建筑已经开始，生产设备业已订购……”

现在，富丽宏伟的长春市商业城已经开业，它矗立在长江路与人民大街交叉的路口上；以苏颂命名的中医门诊部也已在长春市的工农大路上开业；在吉林省乾安县香港投资的葵花籽加工厂经营得十分成功，大量产品正销往港台与东南亚……所以，我们说苏颂的故事是讲不完的。我们正在享受这位900多年前伟大科学家的福荫。

900多年前的宋代，曾培育和造就了一个学贯古今，誉满全球的苏颂。现在，我们伟大的祖国正处于她历史上最美好的时代。一个“海阔凭鱼跃，天高任鸟飞”的前景，正展现在广大青少年的面前，我们坚信这个美好的新时代必将造就更多的新一代苏颂！

我们勤劳智慧的伟大中华民族，既然有光辉灿烂的过去，就一定会有无限美好的未来。